Rituales Prácticos con Velas

*L*a idea de que la "Magia" pueda ser "práctica", resulta sorprendente para muchas personas. No debería ser así. El fundamento básico de la magia es ejercer influencia sobre lo que nos rodea. Por lo general, se trata de cambiar las circunstancias que condicionan a una determinada persona. Hoy, gran parte de la magia es "esotérica", es decir, está relacionada con trabajos que intervienen en el desarrollo espiritual y la transformación psicológica, pero los ocultistas modernos están muy interesados en las consideraciones prácticas.

¡La magia puede ser, y será, utilizada en la vida cotidiana para vivir mejor! Todos poseemos una mente y un cuerpo, y debemos hacer pleno uso de estos dones. La mente y el cuerpo trabajan en conjunto y puede entenderse la magia como la simple extensión de cada uno de estos dones hacia dimensiones que se encuentran más allá de los límites concibidos. Por eso se habla de "paranormal" cuando alguien se refiriere al ámbito de la magia.

Así como la "magia práctica" se relaciona con objetivos mundanos como un mejor empleo, salud, éxito, riqueza, amor, protección, etc. —las necesidades, los deseos que todos experimentamos— también se refiere a los métodos y el "material" que se utilizan. Hay cierta inclinación hacia los utencilios exóticos y caros, y por aquellos que forman parte del folklore y la mitología. Lo importante — y esta es una de las lecciones de magia— es hacer buen uso de lo que se tiene. Se empieza con lo que uno tiene y luego se desarrollan estos recursos iniciales. Este es el por qué de iniciar esta serie de libros de magia práctica con un manual sobre el uso de las velas. Es un procedimiento fácil y poderoso, para aplicar las energías del cuerpo y la mente para obtener nuestros deseos.

El cuerpo está vivo: La vida y la mente son una expresión de la divinidad. El amor (emoción) y la imaginación unen el cuerpo y la mente como un instrumento de poder bajo el control de la voluntad. La magia es el uso deliberado de este instrumento sobre los condicionamientos vitales.

Es así de simple. Puede resultar más complejo conforme crecen las necesidades y el uso de la magia con mayor poder, también emplear más esfuerzos para que el cuerpo se sienta vivo y así aumentar sus reservas energéticas. Se pueden llevar a cabo ejercicios para adiestrar la habilidad mental de concentración y de visualización. Se pueden utilizar multitud de ayudas para estimular la emoción, facilitar la concentración y cumplir objetivos. Pero todo esto logrará si se empieza por las bases del mundo familiar y real de nuestro entorno inmediato y de nuestras necesidades fundamentales y primitivas.

Comencemos ahora: ¿Cuál es su necesidad primordial? ¿La salud, por ejemplo? Entonces ¿qué es lo que requiere atención en su salud? ¿Se trata de una mala costumbre que tiene que eliminar? Actúe pues sobre la mala costumbre al igual que sobre el ideal de una buena salud. ¿Está revuelta su vida familiar? ¿Cuál es el origen del problema? ¿El dinero, tal vez?

Aquí hallará rituales con velas para resolver esas dificultades.

Haga su trabajo mágico con cuidado, respeto y atención. Este es el significado real de la "fe" en la magia. La expresión del poder divino trata de invocarlo para fluir a través de su cuerpo. Trate su material mágico como algo sagrado. "Camine de una forma sagrada" cuando esté realizando su magia, es decir, sienta el poder divino recorrer su cuerpo y muévase como un ser lleno de poder.

Realice magia con sentimiento. De lo contrario se negará la energía a su cuerpo. Ame la naturaleza y la divinidad que hay en todo. Sienta el amor y el poder emanar de sus ojos cuando guía sus manos en el trabajo de magia.

La "magia práctica" es fácil. Hacerlo bien es transformarse en un experto maestro. La destreza de vivir sabiamente es la plenitud de la vida aquí y ahora. Hacerlo de otra forma es negar el significado de la vida, negar el propósito del universo, renunciar a la belleza, oponerse a la naturaleza.

Bendito seas,
Carl. L. Weschcke, AMAFA,
O.S.V., N.O.S.

Sobre el Autor

Ray Buckland emigró de Inglaterra a los Estados Unidos en 1962. Desde hace más de 25 años se interesa activamente por varios aspectos de lo oculto y en 1966 funda el primer Museo Americano de Brujería y Magia, del cual es su director.

Reconocido como una de las autoridades más destacadas en brujería, vudú y lo sobrenatural, el Dr. Buckland ha participado en numerosos programas de radio y televisión así como en conferencias en colegios y universidades de todo el país. Entre sus libros se destacan: *Advanced Candle Magick; Secrets of Gypsy Fortunetelling; Witchcraft from the Inside; y Door to other worlds.*

Ray Buckland trabajó como asesor técnico en la película de Orson Welles y Pamela Franklin, *Necromancia,* y como ayudante del director cinematográfico William Firedkin. También ha sido mencionado en diversos libros y lecturas como *Contemporary Authors, Who's Who in America, Men of Achievement y International Authors and Writers' Who's Who.*

Correspondencia al Autor

Para contactar o escribir al autor, o si desea más información sobre este libro, envíe su correspondencia a Llewellyn Worldwide para ser remitida al autor. La casa editora y el autor agradecen su interés y comentarios en la lectura de este libro y sus beneficios obtenidos. Llewellyn Worldwide no garantiza que todas las cartas enviadas serán contestadas, pero si le aseguramos que serán remitidas al autor.

Favor escribir a:

Ray Buckland
c/o Llewellyn Worldwide
P.O. Box 64383, Dept. K096-5
St. Paul, MN 55164-0383, U.S.A.

Incluya un sobre estampillado con su dirección y $US1.00 para cubrir costos de correo. Fuera de los Estados Unidos incluya el cupón de correo internacional.

Rituales Prácticos con Velas

1997
Llewellyn Español
St. Paul, Minnesota 55164-0383, U.S.A.

Edición y coordinación general: Edgar Rojas
Diseño de portada: Anne Marie Garrison
Diseño interior: Edgar Rojas
Título original: *Charms, Spells & Formulas*

primera edición
Primera Impresión, 1997

Librería del Congreso. Información sobre esta publicación.
Library of Congress Cataloging-in-Publication Data
Buckland, Raymond.
  [Practical candleburning rituals.   Spanish]
  Rituales prácticos con velas.
     p.   cm.
  Includes index.
  ISBN 1-56718-096-5 (pbk.)
  1. Candles and lights--Miscellanea.   2. Magic.   I. Title.
[BF1623.C26B8418   1997]
133.4'3--dc21   97-37669
                                                                         CIP

Llewellyn Español
Una división de Llewellyn Worldwide, Ltd.
P.O. Box 64383, Dept. 096-5
St. Paul, Minnesota 55164-0383 U.S.A.

Contenido

Introducción

Cada vez es más gente que se acerca a "lo oculto". Las cartas del Tarot y sus distintos métodos de interpretación son a menudo tema de conversación cotidiana. Las sesiones de ouija son más numerosas que en los días que precedieron a la II Guerra Mundial. Las cartas astrológicas son de dominio público. Esta acogida de lo que hasta ahora se consideraba como prácticas "escapistas", se debe a los experimentos y pruebas sobre percepción extrasensorial del doctor Rhine, y a las experiencias del profesor Otto Rhan sobre el "poder" que emana del cuerpo, también a los ensayos del doctor Einsenbud sobre la mente que supera la materia o, en fin, a otros experimentos similares. No lo sabemos. Pero hoy, la práctica de varios tipos de magia, es superior a la de cualquier otra época en la historia de la humanidad.

La magia simpatética se basa en el principio de que las cosas semejantes se atraen. Moldee una figura de cera o arcilla que representa a una persona. Si trabaja siguiendo la fórmula enunciada, cualquier cosa que haga a la figura, también se producirá en la persona. Esto fue decubierto hace 25.000 años. En los tiempos de caza, se moldeaba un bisonte de arcilla para luego ser "atacado y muerto". Así se sentían poderosos para cazar un bisonte real. Hoy, mucha gente puede trabajar con este mismo tipo de magia utilizando velas para resolver alguno de los problemas legados por veinte siglos de existencia. Al quemar y manipular diferentes tipos de velas podemos influir sobre personas y cosas.

Este libro trata de la práctica con las velas: Qué velas hay que encender y cuándo, así como la manera de "manipularlas" según el propósito que se desee. Preste cierta atención a la historia del tema y, como indica su título, es un libro práctico. Los rituales son simples, pero efectivos. Se pueden practicar en casa con relativa facilidad, dada su sencillez.

Raymond Buckland

Preparación

Por muy simple que sea el ritual, la preparación es muy importante. Si se dispone a encender unas velas, antes de nada elija el lugar donde las va a encender. Debe escoger un sitio en el que puedan permanecer continuamente, ya que en algunos rituales, que duran varios días, no se moverán las velas de sitio. También tiene que ser un lugar en el que no se corra el riesgo de incendio. ¡Una inocente vela ardiendo cerca de una cortina o de una tela fina acabaría en una conflagración o una catástrofe!

Elija una habitación tranquila, en la que no se oiga el televisor ni el estrepitoso tocadiscos. Tal vez en el fondo de la casa o del apartamento, lejos del ruido del tráfico. Necesita un lugar en el que pueda llevar a cabo sus rituales sin temor a ser interrumpido. El sótano o el ático de una casa son ideales.

El altar

Necesitarán algo que sirva de altar. Cualquier cosa puede servir: una mesa, un cofre, una caja, incluso, el suelo mismo. ¿Pero, por qué no hacer bien las cosas? Un toque estético no hace daño a nadie. Una mesita baja es lo ideal, mejor aún si es de unos dos pies y medio de larga y dos de ancha. Una mesa camilla también puede servir. Si lo desea puede cubrirla con una tela. Tendrá que ser blanca. Necesitará una serie de palmatorias. Puede ser de cualquier tipo o de cualquier material. Intente, no obstante, elegirlas de tamaño pequeño para que cuando tenga que utilizar varias a la vez, el altar no se encuentre abarrotado. También es muy importante a la hora de tener dos o más velas juntas, lo que resulta imposible con palmatorias muy grandes, o sea que adquiéralas pequeñas y escasamente adornadas.

El incienso

Rara vez se dice que el incienso está en conexión con las velas, pero en mi opinión es de suma importancia. Se encenderá siempre incienso durante el ritual. Es de gran ayuda para la concentración ya que establece en la mente la paz adecuada y necesaria como preliminar. Existe una creencia original en cuanto al incienso y es que el humo ascendente eleva las oraciones hasta los dioses. Cualquier incienso sirve, desde los pequeños conos que se venden en tiendas de mala muerte, hasta los tipos de mezclas especiales que hay que esparcir sobre carboncillos candentes. Entre los distintos tipos que encontrará a su disposición, los inciensos indios son, en general, preferibles a los chinos. Estos últimos resultan ligeramente perfumados y fragantes.

En los siguientes rituales se mencionará si se requiere un incienso en particular. Si no se precisa un incienso especial, utilice cualquiera. De todos modos si no puede conseguir el específico, hágalo con el que posea. "Un incienso cualquiera vale más que ningún incienso", sería la norma general.

Se puede fabricar un incensario simple y efectivo, llenando de arena una fuente poco profunda, un cenicero o una copa. Los conos de incienso se disponen sobre la arena, que absorberá cualquier calor e impedirá que se rompa la vajilla o que se chamusque el altar.

Invocante

No hay necesidad alguna de ayunar o de llevar a cabo una dieta rígida antes de entregarse a la práctica de las velas. Podrá concentrarse mejor en lo que está haciendo si se encuentra tranquilo y sin hambre. No obstante, una limpieza simbólica es siempre grata antes del ritual. Consiste simplemente en tomar un baño. Una inmersión en un baño de agua al que se le ha añadido un puñado de sales. El agua tendrá una temperatura agradable, no es necesario llegar al frío ascético. Unicamente una inmersión y rociar el cuerpo con agua. No necesita enjabonarse.

Las velas

Las velas pueden ser de cualquier tipo; lo importante es el color. Hubo un tiempo en que estaba estrictamente prohibido encender velas que no fuesen de aceite vegetal o de parafina. Nunca se podían encender velas hechas con grasas animales. Hoy en día, aunque esto sigue siendo válido, es mejor que se olvide de ello. Algunas velas, si no todas, se hacen con grasas animales, pero como queda indicado lo importantes realmente es el color.

Lo esencial en la práctica de las velas es la preparación en sí. Y para ser efectiva al máximo el/la Invocante tendrá que vestirlas. La vestidura se hace con aceite.

Hay en el mercado diversidad de aceites para ungir las velas, con ligeras diferencias entre ellos. Algunos de estos aceites son coloreados y, por tanto, tan solo pueden utilizarse con velas del mismo color. Resulta evidentemente mucho más caro que comprar un aceite incoloro que servirá para todas las velas. Si no consigue este aceite para ungirlas, utilice entonces aceite de oliva normal.

Para vestir una vela, úntela de aceite, que penetre en la vela desde el centro hacia las extremidades (ver la ilustración en la siguiente pag.). Frote siempre en la misma dirección: Desde el centro hacia un extremo y luego, desde el centro hacia la otro extremo. Mientras viste la vela concéntrese en el tema, problema o asunto que tenga entre manos. (Ver también la Identificación). En los rituales se utilizan cuatro tipos de velas: las velas del Altar, las de Ofrenda, las Astrales y las velas del Día.

—**Las velas del altar:** Son dos velas alargadas y blancas que estarán en todo momento sobre el altar. Situadas en las dos esquinas traseras, siempre se las encenderá antes que cualquier otra.

—**Las velas de ofrenda:** Son las velas de los distintos colores simbólicos (Tabla 2) que dependen del trabajo que se esté realizando.

—**Las velas astrales:** Representan el/los (practicante (s) y se escogen según la fecha de nacimiento de la persona (Tabla 1). Puede utilizar una vela de color primario o tendrá que conseguir velas Astrales hechas con una combinación de colores.

—**Las velas astrales:** Se utilizan en todos los rituales (Tabla 3) y dependen del día en que se realicen. Sitúelas a la derecha, al frente del altar.

Ilustración:

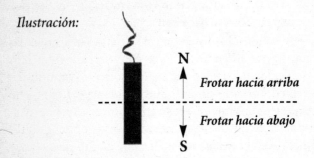

Los rituales

Los rituales se efectúan a menudo bajo circunstancias a veces fuera de lo corriente. Hay dos formas de llevarlos a cabo: La cristiana —versiones simplificadas de los encuentrados en los distintos libros sobre velas— y la forma tradicional, más general. Esta última, que he recopilado de diferentes fuentes en Europa y parece reflejar la naturaleza primaria de la época precristiana, es conocida como la Antigua Religión.

Sea cual sea el ritual que se utilice, resultará tan válido el uno como el otro. Hasta las palabras más efectivas y bellas serán espontáneas si surgen del corazón. No todos somos capaces de pronunciar las palabras exactas, entremezcladas de sentimientos, y en el momento exacto. De cualquier modo los rituales están en nuestro interior. No hay por qué aprenderlos de memoria, léalos en el libro, simplemente. Si comete un error, ¡no se preocupe! Un pequeño error, una torpeza, un desliz de la lengua no echará a perder el ritual. Es el significado, el propósito que lleva dentro, lo que importa.

El vestuario

No son necesarias ropas muy elaboradas y adornadas, al menos que así lo desee. Es psicológico. Practicantes de la Antigua Religión trabajan desnudos como símbolo de libertad. Muchos usan las ropas que visten a diario. Otros sienten el ritual como "algo especial" y visten prendas que van desde una simple túnica blanca hasta ropas de seda de colores con símbolos esotéricos. Si siente que sus rituales van a ser más efectivos utilice estas "ayudas", ¡para traerle más poder!.

La imagen del altar

Aunque no es necesario, muchos incluyen imágenes religiosas entre los adornos del altar. Un crucifijo, una imagen de Jesús, de María o una estatuilla de una antigua Venus pueden quedar bien. La imagen ser situada en la parte trasera del altar, en el centro, con el incienso justo delante.

Encender y apagar las velas

Lo mejor es encender un cirio y luego prender con él las velas del altar, en el orden indicado. Al finalizar el ritual, sople las llamas —en sentido contrario al que las encendió— o apáguelas con un despabilador. No utilice los dedos.

Momento para los rituales

La mayoría de los rituales estipulan los días en que tienen que hacerse o su duración. El momento del día, si no se especifica, queda a su elección. La hora del día es de su elección. Pero, escoja un momento en el que no le interrumpan.

Identificación

Se pueden utilizar velas sin vestirlas, pero es más efectivo vestirlas. La Tabla 1, indica los colores apropiados a las fechas de nacimiento. Si desconoce la fecha de nacimiento de la persona en cuestión, utilice una vela totalmente blanca para representarlo, concentrándose en la persona mientras la viste.

Nota preliminar

Los rituales son algo más que simples palabras. Tienen un significado. Sea cual sea el ritual que planee hacer en primer lugar, siéntese tranquilamente y léalo. Piense en las palabras, en su significado. Así no se verá repitiendo algo sin sentido. Por el contrario se acercará al ideal de utilizar sus propias palabras, las cuales vendrán del corazón.

De los dos tipos de rituales que ofrece este libro, mucha gente prefiere los rituales de religiones antiguas o no cristianos, simplemente porque los términos son pertinentes a los fines de los rituales. En gran parte de las versiones tradicionales, las palabras utilizadas en los Salmos no parecen tener mucho que ver con la operación. No obstante muchísima gente ha tenido éxito con cualquiera de las dos versiones.

Léalas y utilice la que más le guste a usted. Sobre todo, siéntase a gusto y conforme con la que utilice.

Para cada ritual —el Cristiano y el de la Antigua Religión— se han imprimido las dos versiones consecutivas. El diagrama del altar que encabeza el ritual de la primera versión —señalado (1)— se utilizará para ambas versiones.

Cómo romper una aventura amorosa (1)

– *Gráfica 1*

Altar No.1   Figura   Altar No.2

Incensario

Negro

Astral No.1   Astral No.2

Marrón

Amarillo/verdosa

Libro

Procedimiento:
– Encienda las velas del Altar 1 y 2.
– Encienda el incienso.
– Encienda la vela negra y al mismo tiempo piense cómo se rompe la aventura amorosa.
– Encienda la vela Astral 1 (los colores astrales del hombre en cuestión) mientras piensa en él.
– Encienda la vela Astral 2 (los colores astrales de la mujer en cuestión) mientras piensa en ella.

— Encienda la vela marrón, con el pensamiento puesto en cómo se desvanece el amor entre los dos, lentamente; surgen dudas y tensiones entre ellos.

— Encienda la vela amarillo/verdosa, imaginando cómo se enojan el uno contra el otro; sienten celos el uno por el otro; discordia general entre los dos. Luego, diga:

> *(Salmo 3)*
>
> *"¡Señor, cómo se multiplican mis enemigos!*
> *Muchos son los que se levantan contra mí.*
> *Muchos hablan de mi alma, porque*
> *en Dios no tienen socorro.*
> *Ahora, tu arte de protección y gloria*
> *eleva mi cabeza.*
> *Lloro, y desde su valle sagrado,*
> *el Señor me contesta.*
> *Me tumbo y duermo, despierto*
> *porque Dios me sostiene.*
> *No me asustaré aunque haya*
> *decenas de miles contra mí.*
> *Aparece, Señor; sálvame, Dios mío.*
> *Por ti mis enemigos he golpeado*
> *todos los huesos de la cara, y los dientes*
> *de los hombres malvados he roto.*
> *La salvación te pertenece*
> *a ti, único Dios:*
> *Bendito seas, Señor, por*
> *los siglos de los siglos".*

Siéntese y concéntrese en cómo se rompe el asunto amoroso y las dos personas siguen su camino respectivo, separadas.

Después de diez minutos de concentración más o menos, apague las velas.

Repita el ritual cada sábado. Separe cada vez unos centímetros las velas Astrales. Continúe hasta que las velas lleguen al borde del altar.

Cómo romper una aventura amorosa (2)

Procedimiento:

– Encienda las velas del Altar 1 y 2.

– Encienda el incienso y siéntese un momento pensando en el asunto amoroso tal y como está en esos momentos.

– Encienda la vela Astral 1 (la vela Astral del hombre en cuestión) e imagínese al hombre mientras dice:

> *"He aquí la parte macho de la pareja. El es la mitad de un todo; pronto estará solo".*

– Encienda la vela Astral 2 (la vela Astral de la mujer en cuestión) e imagínese a la mujer mientras dice:

> *"He aquí la hembra, la segunda mitad de la pareja. Pronto también ella estará sola".*

– Encienda la vela negra y diga :

> *"Aquí empieza la discordia. Aquí empieza la confusión".*

– Encienda la vela marrón y diga:

> *"Sus mentes están llenas de inseguridad. Dudan. ¿Son el uno para el otro? ¿Deben estar realmente juntos?...Sus mentes se llenan de dudas".*

– Encienda la vela amarillo/verdosa y diga:

> *"¡Los celos aparecen! ¡He aquí la discordia! Vengan las preocupaciones, dudas, cólera y miedo. Así será".*

– Piense ahora en cómo se rompe la pareja. Piense que el asunto amoroso se ha acabado; que cada uno marcha por caminos separados. Diga lo siguiente:

"Lo que era atractivo
parece ahora ordinario.
Lo que era entretenido,
parece ahora aburrido.
Lo que era bonito,
parece ahora ajado.
Lo que era luminoso
es ahora gris.
Lo que antes les unía
ahora les separa.
Lo que estaba vivo,
ha muerto.
Se acabó el amor que latía entre los dos;
se acabaron los fuegos llameantes de las pasiones;
se acabaron el anhelo y la añoranza;
se acabó el ser los dos uno.
Su amor es gris;
los fuegos se apagaron;
se marchitó el suspirar;
separados están".

– Piense de nuevo, por unos momentos, que el asunto ha terminado del todo; las dos personas se han separado. Luego, diga lo siguiente:

"Las violetas han muerto,
una cinta descolorida
y un mechón polvoriento;
una carta medio rota,
unas señales olvidadas
de algún pesar pasado.

Triste, me arrodillo en el borde de la chimenea,
mira lo lanzo al hogar;
crujen ahora, se queman,

las ruinas de mis alegrías y de mi fortuna.
Las promesas de amor,
juramentos falsos y frívolos,
suben veloces por la chimenea;
¡Mientras el pequeño dios, me figuro,
como siempre, invisible, se ríe entre dientes!

Sentado aún, junto al hogar,
sueño con lo que no puedo decir;
observo los destellos de las ascuas
apagarse. ¡Buenas noches! ¡Adiós!

Apague las velas. Repita el ritual cada sábado por la noche, moviendo, cada vez, las velas unos centímetros. Repítalo hasta llegar a los dos bordes opuestos del altar.

Cómo superar una mala costumbre (1)

– *Gráfica 2*

Altar No.1   Figura   Altar No.2

Incensario

Blanca No.1

Blanca No.2 ►Negra◄ Blanca No.3

Blanca No.4

Libro

Procedimiento:

– Encienda las velas del Altar 1 y 2.

– Encienda el incienso.

– Encienda la vela negra y piense en la mala costumbre a superar.

– Encienda las velas 1, 2, 3 y 4 pensando cómo se desmorona la mala costumbre y cómo, finalmente, es derrotada. Luego diga las siguientes palabras:

(Salmo 26)

"Júzgame, ¡oh, Señor!,
porque he ofendido mi integridad:
Confío en ti, Señor, por tanto no me desviaré.
Examíname, pruébame del corazón
a los pulmones, Señor.
Porque tu amor está ante mis ojos,
tu camino de verdad que lleva mis huellas.
No me he sentado junto a personas vanas,
ni me he unido a hipócritas:
La asamblea de hombres enfermos que odio,
a la que esquivo.
Mis manos son inocentes, Señor, las lavaré y purificaré.
Luego, iré ante tu altar sagrado y lo rodearé:
Y, con voz agradecida, publicaré y declararé,
y contaré todas tus enormes obras
y cuán grandes y milagrosas son.
La habitación de tu casa, Señor, que tanto he amado;
si, en este lugar puedo disfrutar
porque ahí mora tu honor.
No junto mi alma con pecadores,
y esa sangre será derramada:
Aquellas manos que conspiran el mal,
se llenarán de soborno y corrupción.
Pero yo, llevaré delante mi integridad:
redímeme, Señor, ten piedad de mí.
Mis pies se apoyan en un lugar igual
que una plaza fuerte:
Como fiel del Eterno, bendíceme".

Siéntese un cuarto de hora antes de apagar las velas; la negra primero.

Repita el ritual cada semana a la misma hora, pero, cada vez, mueva las velas blancas 2 y 3 unos centímetros hacia la vela negra. Prosiga semana tras semana hasta que las velas blancas toquen la negra.

Cómo superar
una mala costumbre (2)

Procedimiento:

– Encienda las velas de Altar 1 y 2.

– Encienda el incienso (preferiblemente "franciscano") y siéntese un momento pensando en cómo se desmorona lentamente la mala costumbre y cómo se vuelve buena.

– Encienda la vela negra y diga:

> *"He aquí lo que me lleva hacia atrás. No es bueno para mí y por mi bien tengo que saberlo. Parece un gigante colosal que no puedo conquistar. Ahora tengo que saber que no es así porque tengo que conquistarlo".*

– Encienda las velas blancas 1, 2, 3 y 4. Diga:

> *"He aquí mi fuerza; he aquí mi coraje; he aquí mi ataque; he aquí mi victoria. Ahora he rodeado a mi enemigo. Ahora no sabe por qué camino regresar. La batalla empieza y, el final, de todos es sabido".*

– Imagínese las fuerzas del bien avanzando, caminando hacia el enemigo: la mala costumbre. Después de unos instantes, diga despacio:

> *"Estrella del crepúsculo gris,*
> *¡Dónde titilabas*
> *cuando en los antiguos días*
> *el débil anochecer caía?*
> *'Sobre la sala del caballero y el varón,*

el torreón y la torre,
sobre la montaña y el gran bosque,
el helecho verde y la morada'.

Estrella del anochecer de plata,
¿Qué has visto
mientras, lejana flotabas
sobre la torre y el árbol?
'Mancebos azules, gorras y atavíos,
mantas luminosas bailando,
la guarida del ciervo pardo,
y dardos débilmente resplandecientes'.

Estrella del sueño de las vírgenes
estrella del crepúsculo
'¿Dónde lanzas tu rayo ahora
que vagan las lechuzas?
"Dónde gatea el musgo verde
en la sala del varón.
Donde llora el rocío
en el bosque de otoño'.

Estrella de la noche tranquila,
¿Con quién te encuentras ahora,
cuando desde el valle solitario
se ve tu suave destello?
'Corazones en el viento, brillan desnudos,
están latentes los tejados de la tierra,
una oveja en la guarida del ciervo pardo,
los árboles caen y se convierten en polvo'".

Después de unos instantes imagínese cómo ha superado por fin la mala costumbre, apague las velas. La negra primero, luego las blancas 4, 3, 2, 1.

A la misma hora, siete días después, repita el ritual, pero antes, mueva las velas blancas 2 y 3 unos centímetros hacia la negra. Repítalo cada semana hasta que las dos blancas toquen a la negra.

Cómo calmar un hecho que perturba el hogar (1)

– Gráfica 3

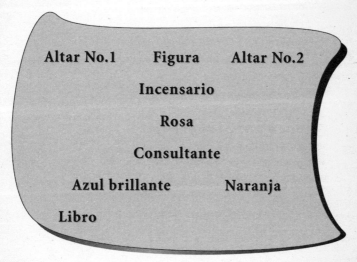

Procedimiento:
– Encienda las velas del Altar 1 y 2.
– Encienda el incienso.
– Medite sobre lo que va a hacer.
– Encienda las velas del Consultante pensando fuertemente en él/ella.
– Encienda las velas azul brillante, rosa y naranja, en este orden, pensando que la paz y la tranquilidad de la casa en mención.

– Medite unos instantes. Luego, diga:

(Salmo 1)

"Este hombre es de una santidad
perfecta y no camina extraviado
por un consejo de hombres ateos,
ni está en el camino de los pecadores,
tampoco se sienta en la silla del desprecio:
sitúa su gozo en la ley de Dios
y medita sobre esta ley día y noche.
Será como un árbol que crece
en la orilla de un río,
que en su época da fruto
y al que jamás se le cae la hoja:
Y todo será próspero.
Los malvados no son así
son como una paja que
el viento esparce aquí y allá.
En el juicio no podrán
presentarse como ateos;
ahora, en la asamblea de los
justos aparecerán hombres malvados.
¿Para qué? El camino de los ateos
en cuanto al Señor es conocido:
El camino de los hombres
malvados será pronto superado".

Las velas tienen que estar ardiendo quince minutos. En ese tiempo se debe leer y releer el Salmo. Una vez transcurrido este tiempo, apague las llamas.

Repita el ritual durante tres noches consecutivas.

Cómo calmar un hecho que perturba el hogar (2)

Procedimiento:

– Encienda las velas del Altar 1 y 2.

– Encienda el incienso.

– Siéntese un rato y medite, aclare su mente lo más posible teniendo en cuenta lo que se dispone a realizar.

– Encienda la vela del Consultante pensando profundamente en él. Ahora diga lo siguiente:

> *"Esta vela representa a ...(nombre) ... al igual que arde, también arde su espíritu".*

– Encienda las velas azul brillante, rosa y naranja, por este mismo orden. Piense en la paz, la tranquilidad, la comprensión y el amor en la casa. Luego, diga:

> *"Aquí arde la alegría alrededor de ... (nombre) ... Está en su casa; y todo a su alrededor. En su casa hay tranquilidad. Abundan la paz y el amor y moran con él. La comprensión y el amor están presentes en abundancia; se alejaron la discordia y el caos. Y por ello, cuanto más crezca la paciencia y el amor, más estériles se volverán los campos de las dudas y del desastre. La alegría es la luz que brilla y entonces, se retira para siempre la oscuridad. La casa es paz y paz es la casa.*

– Siéntese de tres a cinco minutos, concentrado en apaciguar el acontecimiento que perturba la casa. Luego, repita lo siguiente:

> *"Aquí arde la alegría alrededor de ... (nombre) ... Está es su casa; y todo a su alrededor. En su casa hay tranquilidad. Abundan la paz y el amor y con él moran. Porque ahora conoce la alegría verdadera. La comprensión y el amor están presentes en abundancia; se alejaron la discordia y el caos. Y por ello, cuanto más crezcan la paciencia y el amor, más estériles se volverán los campos de la duda y del desastre. La alegría es la luz que brilla y entonces, se retira para siempre la oscuridad. La casa es paz y paz es la casa".*

– Vuelva a sentarse entre tres y cinco minutos, concentrado en apaciguar el acontecimiento que perturba la casa. Luego, vuelva a repetir:

> *"Aquí arde la alegría, alrededor de ... (nombre) ... Está en su casa; y todo a su alrededor. En su casa hay tranquilidad. Abundan la paz y el amor y moran con él. Porque ahora conoce la alegría verdadera. La comprensión y el amor están presentes en abundancia; se alejaron la discordia y el caos. Y por ello, cuanto más crezca la paciencia y el amor, más estériles se volverán los campos de la duda y del desastre. La alegría es la luz que brilla y entonces, se retira para siempre la oscuridad. La casa es paz y paz es la casa".*

Vuelva de nuevo a sentarse de tres a cinco minutos, concentrado en apaciguar el acontecimiento que perturba la casa. Luego apague las velas.

Repita este ritual durante tres noches consecutivas.

Para la muerte (1)

– *Gráfica 4*

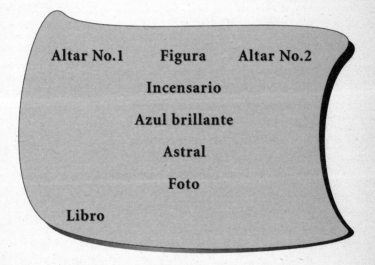

Altar No.1   Figura   Altar No.2

Incensario

Azul brillante

Astral

Foto

Libro

Procedimiento:

Nota : En este ritual, coloque un fotografía del difunto delante de la vela Astral.

– Encienda las velas del Altar 1 y 2.

– Encienda el incienso.

– Encienda la vela Astral del difunto e imagíneselo como en sus mejores momentos.

– Encienda la vela azul brillante, piense en la paz y en la tranquilidad. Diga a continuación:

(El canto de Salomón 2)

"Soy la rosa de Sharón, y el lirio de los valles.
Como el lirio entre las espinas así
es mi amor entre las hijas.
Como el manzano entre los árboles del bosque
así es mi amado entre los hijos. Me senté bajo
su sombra con mucho agrado, su fruto era
dulce al paladar.
Me llevó a una posada y su estandarte
servía mi amor.
Su mano izquierda está debajo
de mi cabeza y la derecha me abraza.
Os encomiendo, hijas de Jerusalén,
por los corsos y las siervas del bosque,
que no excitaréis ni despertaréis
mi amor hasta que a él le plazca.
¡La voz de mi amado! Mora,
viene saltando por las montañas,
brincando por las lomas.
Mi amado es un corso o un corazón
joven; mira está ante nuestra muralla,
levanta la vista hasta las ventanas,
se asoma al enrejado.
Mi amado me habla, y dice dentro de mí:
despierta mi amor, querida mía y vámonos.
Por Io, el viento pasó, la lluvia ya no cae,
se ha marchado, las flores renacen sobre la tierra;
es el tiempo en el que cantan los pájaros,
en el que se oye el canto de la tórtola;
La higuera da higos verdes y las viñas
regalan racimos fragantes.
Levántate mi amor, querida mía y vayámonos.
Paloma mía, ese arte en las grietas de las rocas,
en los lugares secretos de las escaleras,
me deja ver tu semblante, me deja oír tu voz;
y tu voz es dulce y tu semblante amable.

Somos igual que los zorros,
los zorrillos que estropean las viñas:
porque nuestras viñas tienen racimos fragantes.
Mi amado es mío y yo soy suya;
retoza entre los lirios.
Hasta que irrumpe el día y se alejan las sombras,
mi amor es como un corso o un corazón joven
por las montañas de Bether".

Las velas tienen que estar encendidas media hora antes de ser apagadas. Repítalo durante nueve noches o más, si lo desea.

Si puede conseguir velas muy largas, y es posible que sí, utilícela en este ritual como vela Astral y azul brillante.

Para la muerte (2)

Procedimiento:

Nota: En este ritual, coloque una fotografía del difunto delante de su vela Astral.

– Encienda las velas del Altar 1 y 2.

– Encienda el incienso.

– Encienda la vela Astral del difunto e imagíneselo como en sus mejores momentos, en alguna ocasión especialmente feliz, por ejemplo. Diga lo siguiente:

> *"He aquí ... (nombre) ... que jamás morirá. Su espíritu se quema al igual que la llama de esta vela".*

– Encienda la vela azul brillante y diga:

> *"He aquí la paz y la tranquilidad. Así es él, ahora y siempre".*

– Luego, piense en él alegre y en paz. Diga lo siguiente:

> *"Saber, osar, querer, callar;*
> *son los cuatro mandatos del Mago.*
> *Para osar, tiene que saber;*
> *para querer, tiene que osar;*
> *para poseer un imperio,*
> *para reinar tiene que callar.*
>
> *Secerdotisa de la bóveda celeste,*
> *La inmensa catedral del cielo;*
> *Perdona las faltas a tu siervo,*
> *antes del día de mi muerte.*

Déjame recordar tan solo lo bueno;
el angustioso éxtasis de la gracia.
Concédeme, por tu nombre de amor,
la visión deslumbradora de tu rostro.

Tu siervo te adora igual que sus
padres lo hicieron, por los ritos antiguos.
Por el poder del amor y la osada magia,
sagradas son tus noches santas.

La visión se oscurece, débil llama
de la vida, por fin llegó el tiempo
en que este viejo y anticuado salga de su cerco,
¡Atomo fue y átomo será!

Por Isthar y por Ea,
por los innumerables nombres del poder,
renace tu siervo,
está bailando cerca de la torre del tiempo pasado.

El fuego del altar se ha vuelto a encender,
las nubes de incienso suben;
una vez más,
tus ritos sagrados llegan a los cielos
que ilumina la luna".

Las velas tienen que estar ardiendo media hora antes de ser apagadas. Repita cada noche el ritual durante siete noches.

Si le es posible conseguir velas muy largas, utilícelas en este ritual como velas Astral y azul brillante.

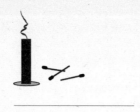

Para ejercer presión sobre un enemigo (1)

– Gráfica 5

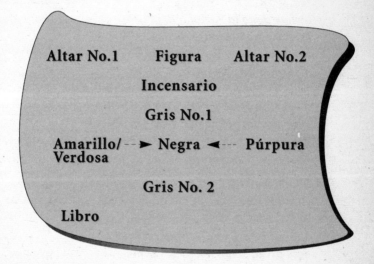

Altar No.1   Figura   Altar No.2

Incensario

Gris No.1

Amarillo/Verdosa --➤ Negra ◄--- Púrpura

Gris No. 2

Libro

Procedimiento:

– Encienda las velas del altar 1 y 2.

– Encienda el incienso.

– Encienda la vela negra pensando en el enemigo.

– Encienda las velas grises 1 y 2 pensando en la frustración, el agobio.

– Encienda la vela amarillo/verdosa pensando en la cólera, la discordia, la enfermedad, el miedo.

– Encienda la vela púrpura pensando en la tensión, los nervios.

– Piense por un momento en su enemigo: Se siente completamente solo, lleno de inseguridad, nervioso y aterrorizado. Luego diga lo siguiente:

(Salmo 70)

"Apresúrate, Dios, en preservarme;
date prisa, Señor, en socorrerme.
Deja a aquellos que ambicionan
avergonzar mi alma y quieren confundirla:
Déjalos que se den la vuelta y se avergüencen
por gozar con mi herida.
Se han dado la vuelta, ¡ja, ja ! eso es,
les corresponde la vergüenza.
Señor, deja que todo goce en ti,
la alegría que busco en ti:
Deja a aquellos para los que tu salvación
de amor aún no es, alabado seas, Señor.
Pero soy tan pobre y estoy tan necesitado;
ven a mi, Señor, no me hagas esperar:
Tu ayuda y liberación; Señor, no te retrases".

– Apague la vela negra.
– Siéntese unos instantes pensando en cuán confuso está su enemigo. Luego, vuelva a encenderla y diga:

"Apresúrate, Dios, en preservarme;
date prisa, Señor, en socorrerme.
Deja a aquellos que ambicionan
avergonzar mi alma y quieren confundirla:
Déjalos que se den la vuelta y se avergüencen
por gozar con mi herida.
Se han dado la vuelta, ¡ja, ja! eso es,
les corresponde la vergüenza.
Señor, deja que todo goce en ti,
la alegría que busco en ti:
Deja a aquellos para los que tu
salvación de amor aún no es,
alabado seas, Señor.

Pero soy tan pobre y estoy tan necesitado;
ven a mi, Señor, no me hagas esperar:
Tu ayuda y liberación; Señor, no te retrases".

Siéntese de nuevo pensando en su enemigo y cuán confuso está. Luego, apague todas las velas.

Repita el ritual la noche siguiente. Mueva unos centímetros hacia el centro las velas amarillo/verdosa y púrpura. Repítalo cada noche hasta que se toquen.

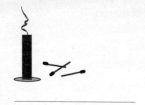

Para ejercer presión sobre un enemigo (2)

Procedimiento:

– Encienda las velas del Altar 1 y 2.

– Encienda el incienso.

– Encienda la vela negra y diga:

> *"Aquí yace mi enemigo, totalmente solo. Está sin amigos, sin ayuda ... (nombre) ... Me da pena. Pronto pagará por atormentarme".*

– Encienda las velas grises 1 y 2, concéntrese y diga:

> *"Ante él está la nada; tras él está la nada. La frustración está en su mano. Todos sus planes son como la nada. Ya no tiene planes".*

– Encienda la vela amarillo/verdosa, concéntrese y diga:

> *"He aquí la enfermedad, la duda y la pena que están creciendo dentro ti. El miedo, la cólera, la discordia son tus nuevos compañeros".*

– Encienda la vela púrpura, concéntrese y diga:

> *"El otro amigo con el que te acabas de encontrar es la tensión. Helo aquí. También caminará a tu lado. Espera su llegada".*

– Siéntese unos instantes hasta visualizar una imagen clara de su enemigo. Luego diga:

> *"Al oeste, al este,*
> *al norte, al sur,*
> *todo alrededor de él,*

la tierra aparece con claridad.
Mientras cabalga por las llanuras,
y atraviesa los bosques,
con el esfuerzo único por desaparecer.
Pero, invisibles detrás de él,
por la loma de la colina,
y a su lado, por lo matorrales y los árboles,
las pequeñas gentes lo persiguen
y lo vigilan para asegurarse
que jamás será libre.
Mandan señales durante el día,
mandan señales durante la noche,
vigilan donde va.
Y siempre que quieren desaparecer de su vista
recurren a sus arcos mágicos salió de un soto y ahí,
se paró a descansar un rato
mientras el caballo bufaba, aprensivo,
a los hombres
que sentía cerca de allí,
ocultos a una distancia prudente
de la vista de su jinete.
Pero, por el bufido y por el temblor
de su caballo, empezó
con dificultad a sentir
lo que el animal ya sabía;
que tal y como lo creía,
no estaba cabalgando fuera de la tierra
por la que había cometido sacrificios
y se había ganado muchos enemigos.
Ahora, tenía que devolver lo
que había robado a la gentes;
lo que había tomado por su cuenta,
sin pensar.
Ahora, el miedo que ellos tenían
se volvió contra él,
y deambuló el resto de sus días por la tierra.

Picó espuelas a su corcel
y siguió el rastro del terror
En el que se fue transformando.
Y los perseguidores siguen adelante,
Si el cazador es perseguido,
y están seguros de que la venganza
no fallará.
Ya no mira hacia atrás
mientras se agacha y cabalga
a trote largo, ya no se preocupa
por la dirección a tomar
mientras mantenga la velocidad
que le aleja de las miradas.
Pero no hay escapatoria
para un hombre de su especie
que sigue adelante en busca de refugio.
El miedo cabalga a su lado y
la muerte cabalga en su corazón y
el pánico le sigue muy de cerca".

Deje arder las velas cinco minutos antes de apagarlas. Repita el ritual las noches siguientes, desplazando, cada vez, las velas amarillo/verdosa y púrpura hacia la negra.

Para protegerse
contra lo maligno (1)

– *Gráfica 6*

Altar No.1   Figura   Altar No.2

Incensario

Roja No.1

Blanca No.1

Roja 2   Blanca 2   Consultante   Blanca 3   Roja 3

Blanca No.4

Roja No.4

Libro

Procedimiento:

– Encienda las velas del Altar 1 y 2.

– Encienda el incienso.

– Encienda la vela del Consultante e imagíneselo vestido de blanco.

– Encienda las velas blancas 1, 2, 3 y 4, piense con fuerza que va a superar lo maligno, piense en la salud y en el poder. Luego diga lo siguiente:

(Salmo 93)

"El señor reina y viste con majestad
su traje de luz;
sus trabajos le indican cómo tiene que vestir,
y envuelven su poder.
El mundo está estructurado de tal manera,
que no puede desviarse.
Su trono es fijo desde tiempos remotos,
los efluvios, Señor, se han elevado,
han elevado sus voces;
los efluvios han elevado sus olas
y emiten un ruido potente.
Pero el Señor que está en las alturas,
es mucho más poderoso
que el ruido de las aguas
que las grandes olas del mar.
Tus testimonios hablan
en la fe de cada uno;
santo eres para siempre, Señor,
mientras el bien entra en mi casa".

Deje arder las velas hasta que se consuman.

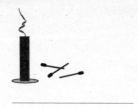

Para protegerse contra lo maligno (2)

Procedimiento:

– Encienda las velas del Altar 1 y 2.

– Encienda el incienso.

– Encienda la vela del Consultante, piense intensamente en el vestido blanco.

– Encienda las velas blancas 1, 2, 3 y 4. Diga:

> *"He aquí un círculo de pureza alrededor del átomo de ... (nombre) ... cuyo espíritu arde en medio. Es una protección presente para él; es el gran purificador".*

– Encienda las velas rojas 1, 2, 3 y 4. Diga:

> *"Reforzando el círculo de pureza hay un círculo concéntrico de fuerza que otorga energía espiritual a ... (nombre) ... Protegido contra cualquier daño, contra cualquier mal. Se purifica y renace de nuevo".*

– Piense en el Consultante, está alegre y despreocupado, no existe mal a su alrededor, tampoco temor a ningún mal. Después de unos minutos, diga:

> *"Existe un dios al que no piden gracia mis fieles,*
> *pobres como yo: observo el mundo y sus asuntos.*
> *Aprecia el bien y olvida el resto;*
> *y el placer, sea cual sea mi oración,*
> *no ofende mi modesto credo.*
> *¡Bebo alegre y dejo mi destino*
> *en manos de Dios, el amigo de la Buena Gente!*

Junto a mi almohada la pobreza,
se sienta la melancolía, pero no le presto atención,
porque gracias al amor y a la esperanza, sabes,
sueño en un lecho de plumas.
No es mío el Dios genuino que los sacerdotes crean,
es gentil el Dios ante el que me inclino.
¡Bebo alegre y dejo mi destino
en manos de Dios, el amigo de la Buena Gente!

El déspota conquistador borracho de poder,
la danza decadente de las naciones y las dinastías,
el polvo de los cascos de su orgulloso corcel
embadurna la frente sagrada de los reyes.
Arrástrate, arrástrate, hasta la gran caída,
¿Cómo acabarán tus glorias? No lo sé.
¡Bebo alegre y dejo mi destino
en manos de Dios, el amigo de la Buena Gente!

¡Oh, nuestro sacerdote, amigo de presagios,
con sus profecías oscuras!
¡Como le gusta festejar en el fuego del infierno.
El fin del tiempo, el instante de la muerte!
¡Ven, Ceridwen, tus mejillas infladas,
en llamas bajan las nubes tormentosas!
¡Bebo alegre y dejo mi destino
en manos de Dios, el amigo de la Buena Gente!

¿Cómo, que Dios es un Dios de cólera? ¡Puf!
El es el creador de todo y ama todo lo que crea;
nos ofrece el vino, mis queridos amigos,
el amor viene con su ayuda creadora;
se disipan los encantos de todo,
las pesadillas de los sacerdotes se alejan alegres
¡Bebo alegre y dejo mi destino
en manos de Dios, el amigo de la Buena Gente!".

Luego siéntese y piense cómo se evapora todo mal. Vea al Consultante alegre y libre. Siéntese pensando en todo ello hasta que las velas se consuman y finalmente, se apaguen.

Para vencer el miedo (1)

– Gráfica 7

Altar No.1 Figura Altar No.2

Incensario

Blanca

Naranja No.1 Consultante Naranja No.3

Naranja No. 2

Libro

Procedimiento:

– Encienda las velas del Altar 1 y 2.

– Encienda el incienso.

– Concéntrese en vencer el miedo.

– Encienda la vela del Consultante pensando en él.

– Encienda la vela blanca pensando en la fuerza y en la pureza.

– Encienda las velas Naranja 1, 2 y 3, piense en la confianza, en la habilidad para vencer el miedo y en la fuerza de su personalidad. Medite un momento. Luego, diga :

(Salmo 31)

"Pongo mi confianza en ti Señor,
no dejes que me engañe;
Libérame de acuerdo a tu rectitud.
Que tu voz baje hasta mi, repito,
mándame tu liberación:
Para salvarme, mi dura roca es tuya,
mi casa fortaleza.
Porque con tu arte romperás mi roca
y asaltarás mi fortaleza;
Así pues, llévame y guíame,
aunque solo sea por amor a tu nombre.

Asienta mi fuerza con tu arte y luego,
sácame fuera de la red,
que tan sutilmente han tejido para mí.
En tus manos encomiendo mi espíritu;
por tu arte, Jehová, Dios de la verdad,
que me has redimido.
Aborrezco a aquellos cuya mirada
está llena de vanidades engañosas:
Pero yo, he puesto mi confianza en el Señor.
Estaré en tu alegría llena de gracia:
porque tu has considerado mis miserias;
has conocido las adversidades de mi alma:
Y no me has abandonado en manos de mis enemigos;
y has dejado que mis pies se posaran
en una habitación amplia.
Señor, la gracia está por encima de ti,
porque en mi está la duda:
Mi ojo, mi vientre y mi alma se consumen de dolor.
Porque mi vida pasa con dolor,
los años con suspiros y gemidos:
Mi fuerza decae;
y mis piernas se consumen por mis pecados.

Soy desdeñable para todos mis enemigos
y temible para mis amigos;
y soy en general el reproche
de los que viven cerca de mi.
Cuando me ven se alejan.
Así pues se olvidan de mi,
igual que se olvidan de los muertos.
Soy como un cacharro roto.
He oído muchas calumnias;
el miedo me alcanza,
mientras disponen contra mi y
planean quitarme la vida.
Pero yo, Señor, deposito mi confianza en ti.
Mis días están en tus manos;
tu me liberarás de las manos
de mis enemigos y perseguidores.
Tu figura brilla sobre tu servidor:
Y me da la salvación,
por amor a tu merced.
No dejes que me engañe Señor,
por las llamadas que me lleguen:
Deja que los hombre malos se engañen,
déjalos estar en silencio en sus tumbas.
Para callarlos, dales los labios mentirosos
que dicen cosas dolorosas,
largos relatos llenos de orgullo y de desprecio,
engañan al hombre recto.
Cuán grande es la divinidad que lanzas hacia ellos,
para que el miedo se aleje,
y trabaja para ellos, para que regresen
a la confianza de los hijos de los hombres.
En secreto de tu presencia,
se ocultan en el orgullo del hombre:
Se ocultan firmemente en la contienda
de las lenguas como en una tienda.

Todas las plegarias y las gracias son para el Señor,
porque ha magnificado.
Su amor milagroso para encerrarse
en una ciudad fortificada.
Me he separado de tu visión por apresurarme;
ahora se oye mi voz,
cuando hacia ellos lanzo gritos y quejidos.
Amo al Señor y a todos sus santos;
porque el Señor guarda
la fe y recompensa con abundancia
a los hacedores orgullosos.
Si tienes buena voluntad,
llenará tu corazón de fuerza,
todos aquellos que esperan
y confían, dependen del Señor".

Siéntese cinco minutos a meditar. Luego, apague las velas.
Repita el ritual durante nueve noches.

Para vencer el miedo (2)

Procedimiento:

– Encienda las velas del Altar 1 y 2.

– Encienda el incienso.

– Siéntese a mediar sobre lo que va a realizar.

– Encienda la vela del Consultante, concentre sus pensamientos en él y diga:

> *"Esta vela representa a ... (nombre) ... cuyo espíritu arde tan firme y rápidamente como esta llama".*

– Encienda la vela blanca y diga:

> *"Aquí se unen la confianza y la fuerza a ... (nombre) ...; la pureza y la sinceridad están para siempre con él".*

– Encienda las velas naranja en orden y diga:

> *"Aquí se encuentra la voluntad necesaria para superar cualquier miedo. Al mismo tiempo que arden estas velas, arde el corazón indomable de ... (nombre) ... que tiene que asir su ideal, librarse de las dudas; que tiene que vencerlo todo".*

– Luego siéntese a meditar, piense como se debilita el miedo y cómo crece la confianza. Después de tres o cinco minutos, levántese y diga:

> *"Estaba solo y asustado;*
> *o así me sentía.*
> *Conocí el miedo.*
> *Estaba sin corazón,*
> *aunque estaba despierto,*

vagaba en la oscuridad sin saber.
Conocí el miedo.
El castañear de los dientes,
el zumbido de la manada,
El hoyo y el remolino,
los ruidos, las visiones.
En mi cabeza ... Conocí el miedo.
Pero ha llegado el momento en que
todo vuelve ya.
Risa es la palabra y risa la espada
que llenará mi corazón y lo elevará.
No conozco el miedo;
ni la duda, ni el dolor. Ya no.
Con la alegría y la fuerza,
con el agrado en mi corazón,
aquel miedo que conocí ya
ha quedado muy atrás.
Ante mi está la luz;
no hay oscuridad;
ni temor ni miedo en la mirada.
Soy el único y todo lo que rodea mira y ve.
¡No tengo miedo!".

Apague las velas.

Repita cada noche el ritual durante nueve noches.

Cómo lograr y mantener la alegría (1)

– Gráfica 8

Altar No.1	**Figura**	**Altar No.2**
	Incensario	
	Dorada	
Roja No.1 ➤	**Consultante**	◄ **Roja No.2**
	Naranja	
Libro		

Procedimiento:

– Encienda las velas del Altar 1 y 2.

– Encienda el incienso.

– Encienda le vela del Consultante pensando en él.

– Encienda le vela dorada y la veja naranja pensando cómo el Consultante atrae la alegría hacía si.

– Encienda las velas rojas 1 y 2 pensando en toda la alegría que el Consultante desea y merece.

– Piense en cómo toda esta alegría fluye hacia el Consultante.
Luego pronuncie lo siguiente:

(Salmo 11)

"Pongo mi confianza en el Señor;
¿cómo es que le dice a mi ama:
Vuela como un pájaro,
hasta tu montaña más alta?

Mirad, tensa su malvado arco
y ajusta sus dardos en la cuerda,
para poder acertar, ante todo,
a los de corazón honrado.

Si se destruyen las fundaciones
¿Qué hará el ser recto?

Dios está en su templo sagrado,
su trono está en el cielo:
sus ojos ven, sus párpados irritan
a los hijos de los hombres. Aprueba al justo:
pero su alma odia al hombre malvado,
y al que ama la violencia.

Trampas, fuego y azufre, tempestades furiosas,
hará caer sobre los pecadores:
Y esto, como la proporción de su copa
a ellos les pertenece.

Porque el señor más recto
se deleita en su rectitud;
y con semblante agradable
contempla al honrado".

Siéntese quince minutos pensando en la alegría del Consultante. Después apague las velas.

Repita el ritual las noches siguientes, pero cada vez, mueva unos centímetros las velas rojas hacia la del Consultante.

Continúe hasta que las dos velas rojas toquen las del Consultante.

Cómo lograr y
mantener la alegría (2)

Procedimiento:

– Encienda las velas del Altar 1 y 2.

– Encienda el incienso.

– Encienda la vela del Consultante pensando en él. Diga:

> *"He aquí ... (nombre) ..., su espíritu es tan firme
> como esta llama. La alegría llega a él".*

– Encienda las velas dorada y naranja. Diga:

> *"La alegría confluye hacia ... (nombre) ... igual
> que una mariposa converge hacia una llama
> semejante. La atracción es tan grande que no
> puede oponerse resistencia. Empuja y tira".*

– Encienda las velas rojas 1 y 2. Diga:

> *"He aquí la suerte y la alegría que se merece. Ha
> trabajado duramente para ello; son suyas por
> derecho. Se balancean a su alrededor y avanzan.
> Ahora le pertenecen".*

– Ahora piense en él y en cómo consigue todo lo que desea.
  Diga lo siguiente:

> *"Bajo una estrella hermosa,
> en la oscuridad de mi noche,
> una estrella que derramaba
> dulzura reconfortante, con su luz,
> me prometió una vida nueva y alegre.
> ¡Oh, no me mientas!*

> *Al igual que el océano crece libre hacia la luna,*
> *así crece mi alma atrevida y contenta,*
> *por ella y por la luz de la alegría.*
> *¡Oh, no me mientas!"*

— Piense por unos momentos en cómo se levanta la alegría. Luego, repita lo siguiente:

> *"Bajo una estrella,*
> *hermosa la oscuridad de mi noche,*
> *una estrella que derramaba dulzura*
> *reconfortante con su luz,*
> *me prometió una vida nueva y alegre.*
> *¡Oh, no me mientas!*
>
> *Al igual que el océano crece libre hacia la luna,*
> *así crece mi alma. Atrevida y contenta,*
> *por ella y por la luz de la alegría.*
> *¡Oh, no me mientas!"*

— Concéntrese un buen rato en cómo crece y se levanta la alegría. Luego, repita de nuevo:

> *"Bajo una estrella,*
> *hermosa en la oscuridad de mi noche,*
> *una estrella que derramaba dulzura*
> *reconfortante con su luz,*
> *me prometió una vida nueva y alegre.*
> *¿Oh, no me mientas!*
>
> *Al igual que el océano crece libre hacia la luna,*
> *así crece mi alma, atrevida y contenta,*
> *por ella y por la luz de la alegría.*
> *¡Oh, no me mientas!"*

Siéntese un buen rato antes de apagar las velas.

Repita el ritual las noches siguientes, moviendo, cada vez unos centímetros las velas rojas hacia la del Consultante. Continúe así hasta que las tres se toquen.

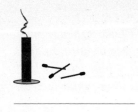

Cómo remediar un matrimonio infeliz (1)

– Gráfica 9

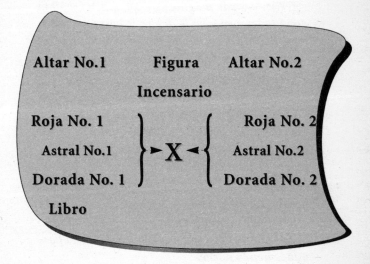

Procedimiento:

– Encienda las velas del Altar 1 y 2.

– Encienda el incienso.

– Medite sobre lo que va a realizar.

– Encienda la astral 1, la roja 1 y la dorada 1 mientras piensa en el esposo.

– Encienda la astral 2, la roja 2 y la dorada 2 mientras piensa en la esposa. Diga a continuación:

(Canto de Salomón, Ca. 3)

"Por la noche, en mi cama, veo a quien mi alma ama: Le veo pero no le encuentro. Me levantaré e iré por la ciudad, por las calles y buscaré por las anchas avenidas a quien mi alma ama: le veo pero no le encuentro.

Los vigilantes que van por la ciudad me descubren. Les digo: '¿Han visto a quien mi alma ama?'. Hacía muy poco que me había cruzado con ellos cuando me encontré con quien mi alma ama: le retengo y no le dejaré ir hasta que no le haya llevado a casa de mi madre, a la habitación en la que me concibió.

Os hago cargo, hijas de Jerusalén, de los corsos y las ciervas de los montes, para que no excitéis ni despertéis mi amor hasta que a él le plazca. ¿Qué es lo que surge del desierto como pilares de humo perfumado de mirra y de incienso y de todos los polvos de los mercaderes?

Mira que lastre, es el de Salomón; le acompañan hombres valientes, de la valiente Israel. Llevan sólo espadas porque son expertos en la batalla: cada hombre lleva su espada sobre el muslo porque temen la noche.

El Rey Salomón se hizo un carro con la madera de Lebanón. Le puso unas columnas de plata, el fondo de oro, lo cubrió de púrpura, el centro está consagrado por su amor hacia las hijas de Jerusalén. Seguid adelante, hijas de Sión, y mirad al Rey Salomón con su corona, con la que su madre le coronó el día de su matrimonio, el día en que su corazón rebosaba de alegría".

Repita el ritual durante nueve noches; mueva, cada vez, unos centímetros los dos grupos de velas, el uno hacia el otro.

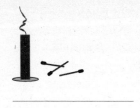

Cómo remediar un matrimonio infeliz (2)

Procedimiento:

– Encienda las velas del Altar 1 y 2.

– Encienda el incienso.

– Medite sobre lo que va a realizar.

– Encienda la vela Astral 1, la roja 1 y la dorada 1 mientras piensa en el esposo y diga lo siguiente:

> *"El esposo de este matrimonio es ... (nombre) ..., enciendo simbólicamente su espíritu para fortalecer y aumentar el amor por su esposa, ... (nombre) ..."*

– Encienda la vela Astral 2, la roja 2 y la dorada 2 mientras piensa en la esposa y diga a continuación:

> *"La esposa de este matrimonio es ... (nombre) ... enciendo simbólicamente su espíritu para fortalecer y aumentar el amor hacia su esposo, ... (nombre) ..."*

– Siéntese cinco minutos y piense en que ellos están juntos. Luego diga :

> *"Juntos, junto, juntos;*
> *se han cerrado las brechas que los separaban.*
> *Cálida es la luz que surge del abismo que ya no es.*
> *La alegría aparece sobre el escenario,*
> *porque amor es la palabra y amor es la luz.*
> *Se han olvidado las diferencias;*
> *se han borrado las incongruencias.*
> *Amor es el bálsamo que cura todas las heridas".*

– Cinco minutos más de contemplación. Luego repita:

> *"Juntos, juntos, juntos;*
> *se han cerrado las brechas que los separaban.*
> *Cálida es la luz que surge del*
> *abismo que no es.*
>
> *La alegría aparece sobre el escenario,*
> *porque amor es la palabra y amor es la luz.*
> *Se han olvidado las diferencias,*
> *se han borrado las incongruencias.*
> *Amor es el bálsamo que cura todas las heridas".*

– Cinco minutos más de contemplación. Repita de nuevo:

> *"Juntos, juntos, juntos;*
> *se han cerrado las brechas que los separaban.*
> *Cálida es la luz que surge del*
> *abismo que ya no es.*
>
> *La alegría aparece sobre el escenario,*
> *porque amor es la palabra y amor es la luz.*
> *Se han olvidado las diferencias;*
> *se han borrado las incongruencias.*
> *Amor es el bálsamo que cura todas las heridas".*

Deje arder las velas cinco minutos más. Luego apáguelas.

Repítalo cada día, moviendo unos centímetros cada grupo de velas, el uno hacia el otro. Continúe hasta que las dos velas Astrales se toquen.

Cómo recobrar
(o conservar) la salud (1)

– *Gráfica 9*

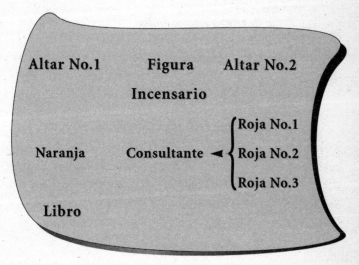

Altar No.1   **Figura**   Altar No.2

Incensario

Roja No.1

Naranja   Consultante ◄ Roja No.2

Roja No.3

Libro

Procedimiento:
– Encienda las velas del Altar 1 y 2.
– Encienda el incienso.
– Encienta la vela del Consultante, visualizándolo.
– Encienda la vela naranja, piense en el estímulo y la atracción.
– Encienda las velas rojas 1, 2 y 3, piense en la fuerza y la salud.
– Imagine que la fuerza y la salud corren a través del Consultante mientras dice:

(Salmo 23)

"No quiero al Señor, mi pastor.
Me hace caminar en la mentira.
Por los pasos verdes,
cerca de las tranquilas aguas.
Ahí restaura mi alma de nuevo y me hace caminar.
Por los senderos de la rectitud,
aunque solo sea por la gloria de su nombre.
Y, aunque camine por el oscuro valle de la muerte,
no temeré ningún mal;
porque su gracia está conmigo;
su medida y su báculo me confortan
Ha abastecido mi mes en presencia de mis enemigos;
ha untado mi cabeza de aceite y ha llenado mi copa.
Toda mi vida me acompañarán
tu divinidad y tu merced:
y la casa de Dios será para siempre mi morada".

Siéntese tranquilamente a meditar sobre la maravillosa salud que reconforta y alegra al Consultante. Quédese sentado diez minutos y luego, apague las velas. Repita este ritual cada viernes por la tarde, durante siete viernes consecutivos.

Cómo recobrar
(o conservar) la salud (2)

Procedimiento:

– Encienda las velas del Altar 1 y 2.

– Encienda el incienso.

– Si practica este ritual para recobrar la salud, siéntese un momento y piense en cómo el bienestar y la salud fluyen de nuevo por el cuerpo.

– Encienda la vela del Consultante, visualizándolo. Diga:

> *"He aquí a ... (nombre) ..., en perfecta salud. Las bendiciones de los dioses están con él, por lo tanto prosperará".*

– Encienda la vela naranja y diga:

> *"Esta llama refleja todo lo que es bueno para ... (nombre) ... refleja la salud y la fuerza y todo lo que él desea".*

– Encienda las velas rojas 1, 2, y 3. Diga:

> *"He aquí triplicadas, esa fuerza y esa salud. Están aquí para que las tome el cuerpo de ... (nombre) ..., para que le sirvan y le restauren tal y como los dioses lo desean".*

– Luego diga:

> *"Y en el origen siempre era así. Para vivir, había que cazar, matar. Para matar se necesitaba fuerza. Para tener fuerza había que comer y moverse. Para comer y moverse había que cazar.*

Si estás débil, jamás estarás fuerte. Si estás fuer-
te, así permanecerás.

Pero si estás débil tienes que pensar como un
fuerte; porque en el pensamiento está el acto. Y
pensando como un fuerte podrás entonces cazar,
matar y comer. Porque si piensas que está fuerte,
estás fuerte y te mueves. El pensamiento no trae
el alimento, pero el pensamiento trae los medios
para conseguir el alimento.

Así sea.
La fuerza para el fuerte.
La fuerza para el débil.
Y el brazo levantará la lanza.
Y el brazo arrojará la piedra.
Y el brazo clavará la jabalina.
Que la fuerza siempre esté presente.
Así sea".

Siéntese a meditar sobre la maravillosa salud que reconforta
y alegra al Consultante.

Quédese sentado de diez a quince minutos. Luego, apague
las velas.

Repita este ritual cada viernes por la tarde, durante siete
viernes consecutivos.

Cómo provocar celos (1)

– *Gráfica 10*

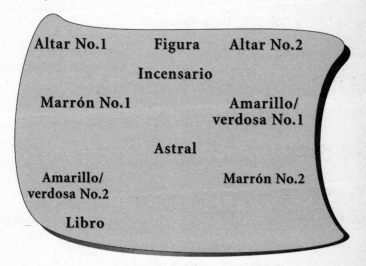

Altar No.1   **Figura**   **Altar No.2**

Incensario

Marrón No.1   **Amarillo/ verdosa No.1**

Astral

Amarillo/ verdosa No.2   **Marrón No.2**

Libro

Procedimiento:

– Encienda las velas del Altar 1 y 2.

– Encienda el incienso.

– Encienda la vela Astral de la persona en la que se desean provocar celos. Piense intensamente en ella.

– Encienda las velas marrón 1 y 2, piense en la inseguridad, en la duda.

– Encienda las velas amarillo/verdosa 1 y 2, piense en la enfermedad los celos y la discordia. Luego diga:

(Salmo 63)

"Señor, mi Dios, al que sigo desde siempre:
mi alma tiene sed de ti;
mi carne yace en una tierra seca,
en la que no hay agua:
tengo que contemplar tu poder
y el brillo de tu cara,
como hasta ahora los había visto
en el interior de tu santo templo.
Tu amor es mejor que la vida,
mis labios te ofrecerán tus rezos.
En tu nombre levantaré las manos
y te bendeciré mientras viva.
Aunque mi alma esté llena de grasas,
mi boca y sus alegres labios
cantarán plegarias para ti.
Cuando estoy sobre mi lecho
te recuerdo con agrado,
también cuando medito sobre ti
en la ronda de la noche.
La sombra de tus alas me alegra;
porque tu eres mi ayuda.
Mi alma te sigue intensamente y tu
me sostienes en tu mano derecha.
Quien busque derrumbar mi alma
caerá en el rincón más recóndito de la tierra.
Caerán bajo la espada,
y serán presa del zorro.
Y se regocijará el rey en Dios,
y la gloria de cada uno hará
que confíen en él: pero detendrá
la boca de todos los embusteros".

Apague las velas.

Repita el ritual cada lunes y cada sábado, durante tres semanas consecutivas.

Cómo provocar celos (2)

Procedimiento:

– Encienda las velas del Altar 1 y 2.

– Encienda el incienso.

– Encienda la vela Astral de la persona en la que se desean despertar celos. Piense intensamente en ella y diga:

> *"He aquí el hombre ... (nombre) ... ; arde al igual que esta llama, consumido por los celos".*

– Encienda las velas marrones 1 y 2 y diga:

> *"... (nombre) ... se siente inseguro. Se siente inseguro de sí mismo; de los demás. Duda y se perderá".*

– Encienda las velas amarillo/verdosas 1 y 2. Diga:

> *"Los celos están en él. Se nutren de él. Arden con la llama fija".*

– Luego, pensando en él y en cómo se vuelve cada vez más y más celoso, diga:

> *"Me tumbo y duermo —bienaventurado reposo—*
> *Calma mi pesar y preocupación;*
> *cuando repentina, una visión viene a mí,*
> *una hermosa y divina virgen.*
>
> *Era pálida como el mármol,*
> *y maravilloso el contemplarla;*
> *en sus ojos brillan unas lágrimas perlinas,*
> *sus cabellos refulgían como el oro.*

Y, poco a poco, deslizándose,
la virgen pálida como el mármol,
se apoyó sobre mi corazón palpitante,
la virgen pálida como el mármol.

¡Cómo vibraba y palpitaba, de alegría y dolor,
mi corazón enfebrecido!
El pecho de la virgen no vibraba ni palpitaba,
lo sentía frío como el hielo;
ahora conozco las alegrías del amor,
y la omnipotencia del amor.

Mi mejilla no se tiñe de rosa,
y no corre la sangre por mi corazón;
ahora no lucho contra el miedo estremecedor,
en ti soy buena y amable.

Me sentía libre hasta que se abrazó a mí,
parecía perder el sentido;
el gallo cantó con estrépito.
Entonces se desvaneció el aire.
La virgen pálida como el mármol".

Transcurridos unos momentos, apague las velas. Repita el ritual cada lunes y sábado, durante tres semanas consecutivas.

Cómo lograr el amor de un hombre o una mujer (1)

– *Gráfica 11*

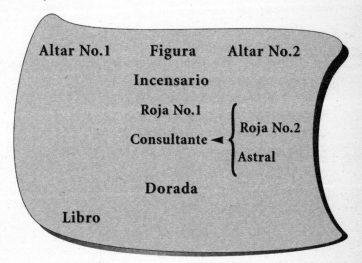

Procedimiento:
– Encienda las velas del Altar 1 y 2.
– Encienda el incienso.
– Medite.
– Encienda la vela del Consultante pensando en él.
– Encienda la vela roja 1, pensando en el amor y la fuerza del Consultante.
– Encienda la vela dorada, pensando en la inmensa atracción del Consultante; en cómo atrae hacia él a la gente.

– Encienda la vela Astral para conseguir los deseos del Consultante, piense en él y visualícelo.

– Encienda la vela roja 2, pensando en el amor de la otra persona hacia el Consultante.

– Si el Consultante es varón, tendrá que decir:

(Canto de Salomón, Ca. 6)

"*A dónde se ha ido tu amado,*
¡oh tu!, la más hermosa entre las mujeres?
Hacia dónde se ha vuelto tu amado?
Porque le buscaremos en ti.
Mi amado ha bajado a su jardín,
al cauce de los aromas,
a alimentarse en los jardines y a recoger las azucenas.
Yo soy de mi amado y mi amado es mío;
se alimenta entre las azucenas.
Tu arte, mi amado, es bello como Tirzah,
bien venido como Jerusalén,
temible como una armada con estandartes.
Desvía tu mirada de mí,
porque me sobrecoge:
tus cabellos son como rebaños
de machos cabríos que apareció en Gilead:
Tus dientes son como un rebaño
que acaban de ser lavadas;
todas parirán mellizos, ninguna es estéril.
Tus templos de rebaños son
como un trozo de granada.
Allí moran sesenta reinas y
cuarenta concubinas y un sin fin de vírgenes.
Paloma mía, mi inmaculada es única;
es la única hija de su madre;
es la elección de aquella que la desnuda;
cuando la ven las vírgenes le rinden culto; si,
y las concubinas le rezan plegarias.
¿Quién eres tú,
que pareces fuerte como el amanecer,

hermosa como la luna,
clara como el sol y temible
como una armada con estandartes?
Bajé hasta el jardín de los nogales
para ver los frutos del valle,
y ver como florecían las viñas
y los brotes de granada.
Mi alma estaba siempre consciente,
cabalgaba como los carros de Ammi—nadib.
Regresa, regresa, Shulamite;
regresa, regresa para que podamos ver en ti.
¿Qué es lo que veremos en ti, Shulamite?
Como si viniera la compañía de las dos armadas".

Si el Consultante es hembra, entonces tiene que decir:

(Canto de Salomón, Ca.8)

"¡Que seas como mi hermano,
que se amamanta de los pechos de mi madre!
Cuando te encuentre, te besaré; no te desdeñaré.
Te recogeré y te llevaré a casa de mi madre,
que me dirá lo que tengo que hacer:
haré que bebas el vino aromático
del zumo de mi granada.
Su mano izquierda estará debajo de mi cabeza
y con su mano derecha me abrazará.
Os encomiendo, hijas de Jerusalén,
que no excitéis ni despertéis mi amor
hasta que a él le plazca.
¿Qué es lo que surge de la maleza
y asoma por encima de su amado?
Sube por el manzano:
entonces la madre se lleva adelante;
entonces la lleva adelante hasta descubrirle.
Soy como un sello sobre el corazón;
como un sello sobre un brazo delgado:
porque el amor es tan fuerte como la muerte;

y los celos tan fuertes como el sepulcro;
por tanto las brazas son brasas
de fuego que aún llamean.
Mucha agua, pero por mucha que sea,
no puede apagar el amor,
ni tampoco puede llevárselo la corriente:
si un hombre entrega toda la esencia
de su templo de amor,
será recompensado con creces.
Tenemos una hermana pequeña
y no tiene pechos:
qué podremos hacer con nuestra hermana
cuando llegue el día en que pregunte?
Si fuera una pared,
construiríamos un castillo de plata sobre ella;
y si fuera una puerta,
la enmarcaríamos con bordes de cedro.
Soy una pared y mis pechos son como torres;
así era yo para sus ojos,
como alguien que otorga favores.
Salomón posee un viñedo en Baal—hamon;
dejó el viñedo en manos de unos encargados;
cada uno por cada fruto,
tenía que darle mil monedas de plata.
Mi viñedo está ante mí; así pues,
Salomón debe recibir mil
y los que cuidan el fruto, doscientas.
Entonces desde la moradas de los jardines,
los compañeros atienden a la voz;
lo que me obliga a escucharla.
Date prisa, amado mío, y sube como un corzo,
o un joven ciervo por el monte de los aromas".

Repita el ritual al día siguiente, moviendo unos centímetros la vela Roja y la Astral hacia la izquierda. Hágalo a diario hasta hasta que ambas velas toquen la vela del Consultante.

Cómo lograr el amor de un hombre o una mujer (2)

Procedimiento:

– Encienda las velas del Altar 1 y 2.

– Encienda el incienso.

– Encienda la vela del Consultante, diciendo:

> *"He aquí a ... (nombre) ... Esta vela es él; esta llama arde al igual que arde su espíritu".*

– Encienda la vela roja 1 y diga:

> *"El amor de ...(nombre) ... es grande y aquí se muestra. Es un amor bueno y fuerte y solicitado por muchos".*

– Encienda la vela Astral de la persona de la cual se requiere el amor, diciendo:

> *"Este es el corazón de ... (nombre) ..., que aquí veo. Lo imagino ante mí y así lo conozco".*

– Encienda la vela roja 2 y diga:

> *"El amor que ...(nombre) ... tiene hacia ... (nombre del Consultante) ... crece con esta llama. Arde como la luz y para siempre se dirige hacia él. Grande es el amor que tiene por él.*

– Encienda la vela dorada y diga:

> *"Ahora se acerca a él; están el uno junto al otro. Es tal el amor que no pueden más que sentir su atracción. Esta vela arde y ella se encuentra muy cerca de él.*

Su persuasión es poderosa.
Ella siente el impulso;
se hace constante el pensamiento hacia él,
sus días se hacen largos esperándole,
sus noches están llenas de deseo.
El ser uno junto a él es todo lo que necesita.
Porque no encontrará reposo hasta que
no descanse a su lado.
Cualquier deseo suyo la conducirá a servirle,
a llenarse, a vivir y no a morir.
No puede luchar contra un impulso tan fuerte,
y tampoco está pensando en luchar;
tan solo desea conducir la corriente hacia él,
será el final del viaje.
Allá donde sale el sol estará su amor junto a él;
allá donde el sol se pone estará ella".

Siéntese un momento antes de apagar las velas.

Repita el ritual cada día, moviendo, cada vez unos centímetros, la vela Astral y la roja 2 hacia la vela del Consultante.

Continúe diariamente, hasta que la roja 2 y la Astral toquen la vela del Consultante.

– *Gráfica 12*

Altar No.1   Figura   Altar No.2

Incensario

Naranja No.2

Consultante   Naranja No.1   Gris ► Negra

Naranja No.3

Libro

Procedimiento:

– Encienda las velas del Altar 1 y 2.

– Encienda el incienso.

– Encienda la vela del Consultante imaginándoselo.

– Encienda las velas naranjas 1, 2 y 3, pensando en dar ánimos al Consultante; en cómo su suerte cambia para bien.

– Encienda la vela negra, pensando en que la mala suerte va a desaparecer.

– Encienda la vela gris, pensando en cómo se anula la mala suerte; queda así neutralizada antes de cambiarse en buena suerte. Luego diga:

(Salmo 62: versos 3, 4, 11, 12)

"¿Cuánto tiempo vas a conjurar
el mal sobre este hombre?
Nos matarán a todos;
será como un cercado lleno
de gentes desplomadas,
como el muro de las lamentaciones.
Están conjurando para derribar su seguridad:
se regocijan en la mentira;
son santos de boca pero maldicen como cobardes.

Dios me habló una vez,
si, esto es lo que he vuelto a escuchar.
Que el poder de Dios Todopoderoso,
tan solo le pertenece a él.
Si, y la gracia que también nos concede
es solo tuya, Señor;
por tanto, recompensa a cada cual,
de acuerdo con su esfuerzo".

– Sople la vela negra; siéntese un momento. Luego enciéndala de nuevo. Repita:

"¿Cuánto tiempo vas a conjurar
el mal sobre este hombre?
Nos matarán a todos;
será como un cercado lleno
de gentes desplomadas,
como el muro de las lamentaciones.
Están conjurando para derribar su seguridad:
Se regocijan en la mentira;
son santos de boca pero maldicen como cobardes.

Dios me habló una vez,
esto es lo que he vuelto a escuchar,
que el poder de Dios Todopoderoso,

tan solo le pertenece a él.
Si, y la gracia que también nos concede,
es solo tuya Señor;
por tanto, recompensa a cada cual,
de acuerdo con su esfuerzo".

– Sople la vela negra; siéntese un momento. Luego, enciéndala de nuevo. Vuelva a repetir:

"Cuánto tiempo vas a conjurar
el mal sobre este hombre?
Nos matarán a todos;
será como un cercado lleno
de gentes desplomadas,
como el muro de las lamentaciones.
Están conjurando para derribar su seguridad:
Se regocijan en la mentira;
son santos de boca pero maldicen como cobardes.

Dios me habló una vez,
esto es lo que he vuelto a escuchar,
que el poder de Dios Todopoderoso,
tan solo le pertenece a él.
Si, y la gracia que también nos concede,
es solo tuya Señor;
por tanto, recompensa a cada cual,
de acuerdo con su esfuerzo".

Concéntrese en cómo cambia de buena a mala, la suerte del
Consultante. Apague las velas.

Repita el ritual en noches sucesivas, moviendo, cada vez,
unos centímetros, la vela gris hacia la negra.

Prosiga hasta que se toquen.

Cómo cambiar la suerte (2)

Procedimiento:

– Encienda las velas del Altar 1 y 2.

– Encienda el incienso.

– Encienda la vela del Consultante, pensando intensamente en él. Diga:

> *"Esta vela representa a ... (nombre) ... le representa y es él en todos sus aspectos".*

– Encienda la naranja 1, 2 y 3, pensando en cómo mejora la suerte del Consultante. Luego diga:

> *"Doy ánimos a ... (nombre) ... para que cambie su suerte y le sonría la fortuna".*

– Encienda la vela negra y diga:

> *"He aquí la mala suerte que tuvo ... (nombre) ... Todo lo que le ponía enfermo está ahí. Todas las dificultades y controversias están ahí".*

– Encienda la vela gris, pensando en cómo se anula el ser enfermo y diga:

> *"Aquí queda neutralizado lo malo y lo maligno. Se hace una pausa; luego, se alejan y crece el bien".*

– Encienda la vela del Consultante. Piense en cómo cambia definitivamente su suerte; de mala se torna en buena. Luego, piense en cómo crece esa parte buena. Después de unos momentos de reflexión, diga:

"¿Por qué yo? ¿Por qué mejorar?
¿Cómo perfeccionarse?
Creciendo, viviendo, amando.
¿Ahora está amando?
Si y no; porque cuando amo,
me siento como el pedazo
de un todo que queda esperando.
¡Y así es! ¿Qué es lo que quiere que crezca?
Ese todo del que hablo.
Me encuentro frente a una pared;
estoy en un callejón sin salida.
Guíame para salir de aquí.
¿Para vivir?, ¿para amar?
Si, eso es; eso y más.
¿Más, ha dicho más? ¡Es ambicioso!
Claro que lo soy, por mi suerte tengo
que cambiar para poder seguir.
Tener esa ambición es la llave.
El éxito será suyo.
Pero, ¿cuándo?
¡Paciencia! Eso es lo que tiene que tener.
Y la tengo, ¿no es suficiente?
Con ambición, si, si realmente tiene las dos.
Porque no se llevan muy bien.
Entonces, ¿cuándo podré sentir ese cambio?
¿Cuándo se perfeccionará mi suerte?
Por la luna en la que confío.
Mantén dentro de ti el pensamiento
de que todo va a ir bien.
Tocará la perfección.
Te queda mucho por vivir,
y mucho que amar.
No aflojes tu ambición
ni tampoco te desesperes.

A través de las frases cambiantes
de Nuestra Señora*,
veras cómo se llenan los planos
hasta que al fin no tendrán
ningún pensamiento que darle al pasado.
Pero, ¿cómo?
Pronto estarás muy ocupado con el futuro".

Siéntese diez minutos, pensando en cómo cambian todas las cosas para mejor.

Apague las velas.

Repita el ritual las noches siguientes; mueva, cada vez unos centímetros, la vela gris hacia la negra. Prosiga hasta que las dos se toquen.

---

* La Luna.

Para conseguir dinero * (1)

– *Gráfica 13*

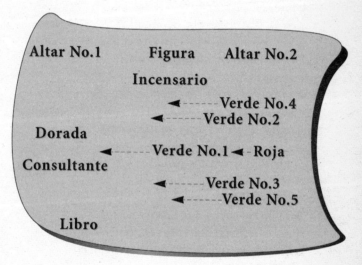

Procedimiento:

– Encienda las velas del Altar 1 y 2.

– Encienda el incienso.

– Medite sobre lo que va a realizar.

– Encienda la vela del Consultante, imaginándoselo.

– Encienda la vela dorada pensando en la "atracción".

– Encienda las velas verdes según lo indicado, piense en dinero.

– Encienda la vela roja, pensando en lo que va a realizar.

– Medite un momento. Luego, diga:

(Salmo 41)

"*Bendito aquel que sabiamente*
considera el caso del pobre;
porque cuando vengan los tiempos revueltos,
el Señor los liberará.
Dios le cuidará, si, le salvará;
vivirá con gracia sobre la tierra;
y el deseo de sus enemigos no le alcanzará.
Dios le dará fuerza cuando esté en la cama
y lamente su muerte;
y en su llaga enferma, Señor, aliviarás su lecho.
Y te pregunto, Señor, si tu gracia llegará a tocarme;
quieres curar mi alma; para qué?
Le he ofendido.
Aquellos que para mí son enemigos,
dicen de mi con maldad,
¿cuándo morirá para que su nombre
desaparezca para siempre?
Si viene a verme, sus palabras son vanas;
pero su corazón se siente dolorido
cuando habla y luego se va.
Los que me odian murmuran juntos
contra mí de mi doloroso legado.
Dicen: dolor, adhiérete rápidamente a él
y no se levantará.
Si, hasta mi íntimo amigo en el que confío,
que come de mi pan, hasta él se levanta contra mí.
Pero Señor, ten piedad de mi, y elévame de nuevo,
para que pueda recompensarles según sus caminos.
Con esto sé que seguramente me serás favorable;
porque mi fatídico enemigo no triunfa sobre mí.
Porque al igual que yo, me mantiene en mi integridad;
y yo me encuentro ante tu figura
que siempre permanece.
El Señor, el Dios de Israel, bendito seas para siempre,
por los siglos de los siglos. Amen, así sea, Amen".

Una alternativa al anterior, es el Salmo 23:

"No quiero al Señor, mi pastor.
Me hace caminar en la mentira.
Por los pastos verdes: cerca de las tranquilas aguas.
Ahí restaura mi alma de nuevo;
y me hace caminar por los senderos de la rectitud,
aunque solo sea por la gloria de su nombre.
Y, aunque camine por el oscuro valle de la muerte,
no temeré ningún mal;
porque su gracia está conmigo;
su medida y su báculo me reconfortan.
Ha abastecido mi mesa en presencia
de mis enemigos;
ha untado mi cabeza de aceite y
ha llenado mi copa.
Toda mi vida me acompañarán
tu divinidad y tu merced:
Y la casa de Dios será para siempre mi morada".

Repita el ritual al día siguiente, después de haber movido, unos centímetros, las velas verdes y la roja hacia la izquierda. Continúe hasta que la verde 1 toque a la dorada y a la del Consultante.

---

* Este ritual le dará resultado en el caso que necesite dinero con urgencia, no por el hecho de querer dinero sin ningún motivo.

Para conseguir dinero (2)

Procedimiento:

– Encienda las velas del altar 1 y 2.

– Encienda el incienso.

– Siéntese un momento y medite, hasta tener con claridad en la mente lo que quiere y se dispone a realizar.

– Encienda la vela del Consultante pensando en él con intensidad (también esa persona puede ser usted). Luego, diga a continuación:

> *"Esta vela representa a (nombre del Consultante) ... Al igual que arde su espíritu".*

– Encienda la vela dorada. Piense en la atracción. Diga:

> *"Esta vela representa la atracción. Trabaja con y para ... (nombre del Consultante) ..., al lado de su nombre.*

– Encienda las velas verdes en el orden indicado, piense intensamente en el dinero. Al encenderlas, diga:

> *"Estas velas representan el dinero que ... (nombre del Consultante) ... desea. Es todo cuanto necesita*, ni más ni menos".*

– Encienda la vela roja, piense que se cumple el deseo por completo.

> *"Esta vela representa el poder y la autoridad que dará a ... (nombre del Consultante) ...".*

– Haga una pausa para reflexionar. Luego, diga :

"Cómo el dinero es necesario para alimentar nuestras necesidades, tenemos que esforzarnos por conseguirlo. Tenemos que merecerlo o no lo conseguiremos. La necesidad de ... (nombre) ... es intensa en estos momentos. Has, pues, que obtenga el dinero, Deja que encuentre todo lo que necesita. Suplico para que encuentre todo lo que necesita con tanta urgencia. Se dice que los dioses proveen al que tiene una necesidad. Ahora, existe esa necesidad. Dejar que se cumpla para él. Dejad que tenga lo suficiente. No consintais que siga necesitando".

– Piense ahora en cómo se cumple el deseo, y que el Consultante tiene ya dinero. Piense que ya lo posee.

"Ese dinero es suyo, de ...(nombre)..., lo tiene, lo tiene en sus manos y cubre sus necesidades. Con toda seguridad lo ha recibido y está contento. Ruega a los dioses por su bondad. Siempre es así. Todo está bien ahora".

Siéntese tranquilamente cinco minutos y deje que las velas y el incienso sigan ardiendo. Cuando transcurra este tiempo apague las llamas.

Tendrá que repetir el ritual al día siguiente, pero no sin haber movido unos centímetros de sus posiciones anteriores las cinco velas verdes y la roja. Muévalas, cada día antes del ritual, hasta que por fin toquen a las velas que han permanecido en el mismo sitio: las velas doradas, la del Consultante y la verde 1.

Para aliviar y
calmar los nervios (1)

– *Gráfica 14*

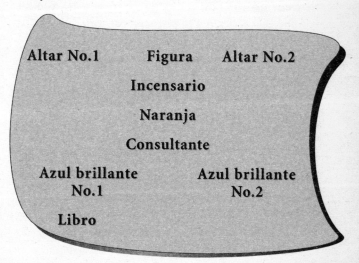

Altar No.1   Figura   Altar No.2

Incensario

Naranja

Consultante

Azul brillante No.1   Azul brillante No.2

Libro

Procedimiento:

– Encienda las velas del Altar 1 y 2.

– Encienda el incienso.

– Encienda la vela del Consultante y concéntrese en él.

– Encienda las velas azul brillante 1 y 2, piense, mientras tanto, en la paz y la tranquilidad, la paciencia y la amable satisfacción.

– Encienda la vela naranja, mientras piensa en dar estímulo, ánimos y paz. Ahora diga lo siguiente:

(Salmo 37)

"No te molestes por los hacedores del mal;
tampoco envidies a los que trabajan con iniquidad.
Porque al igual que la hierba,
pronto se les cortará;
y, al igual que la hierba verde y tierna,
¿dónde irán a parar?
Pon tu fe en el Señor y te verás haciendo el bien;
y entonces vivirás en la tierra y tendrás comida.
Deléitate en Dios;
otorgará el deseo a tu pequeño corazón.
El camino de Dios compromete, confía en él,
te hará seguir adelante.
Y como una luz, ostentará la rectitud en ti;
y te otorgará el juicio igual que llega el medio día.
Descansa en el Señor y espérale con paciencia;
no te irrites
porque él hará prosperar tu camino;
al final el éxito vendrá.
Dejaría de enojarse, renegaría de la cólera:
no te irrites con él de ninguna manera,
es lo que haría el mal.
Y aquellos que son hacedores del mal
caerán y desaparecerán:
Pero aquellos que esperan en el Señor,
recibirán la tierra.
Hay que esperar un poco más
y lo maligno habrá desaparecido;
Sabrán considerar el lugar pero no lo verán.
Y como ofrenda de la tierra,
los humildes tendrán posesiones.
También se deleitarán en una paz abundante.
La causa maligna contra la justa,
y afilarán sus dientes:
El Señor se reirá porque sabrá que ha llegado el día

Los malignos han desenvainado la espada,
y tensan el arco, para matar.
Al pobre y al necesitado,
y para matar hombres sean quienes sean.
Pero las espadas que ellos mismos
han desenvainado penetrarán en sus corazones;
los arcos que han tensado,
se romperán y se harán pedazos.
Por poco que tenga un hombre justo,
siempre tendrá más.
Y mejor que la riqueza de muchos
como son los impúdicos y los malignos.
Los brazos de los pecadores se romperán;
Dios tan solo ayuda a los justos.
Dios conoce el tiempo de los hombres justos,
y aún lleva consigo su herencia".

Siéntese tranquilamente un cuarto de hora, más o menos, antes de apagar las velas. Podrá llevar a cabo el ritual siempre que sienta la necesidad de hacerlo.

Para aliviar y calmar los nervios (2)

Procedimiento:

– Encienda las vela del altar 1 y 2.

– Encienda el incienso.

– Siéntese un momento y trate de dejar la mente libre de cualquier pensamiento.

– Encienda la vela del Consultante y diga:

"He aquí, en paz, a ... (nombre) ..., su espíritu es tan constante como la llama de la vela".

– Encienda la vela naranja y diga:

"He aquí el impulso para sus esfuerzos. He aquí la fuerza para que queden a un lado sus temores".

– Encienda las velas azul brillante 1 y 2. Diga :

"Al rededor de ... (nombre) ... hay paz, tranquilidad, paciencia y amor".

– Siéntese un momento en silencio. Luego, diga con calma:

"Qué suave es la lluvia, cae tranquila
por los campos de los alrededores.
Llena el corazón y apacigua la mente,
nos trae la soledad que tanto buscamos.
Tamborilea de una forma tan dócil
que parece que jamás deja caer una hoja,
el agua que ha traído lavará todas las heridas.
Y tras ella viene la suavidad,
la quietud, la paz y el amor
llenan el ambiente de un frescor nuevo
que baja de las mismísimas nubes.

> *Se siente tanta calma, tanta calidez,*
> *tanta tranquilidad;*
> *que ya no podríamos ponernos nerviosos*
> *o alterarnos nunca más,*
> *tan solo existe la tranquilidad.*
> *Porque sentimos el amor a nuestro alrededor,*
> *tan suave, tan tranquilo, tan seguro,*
> *podemos relajarnos, podemos descansar,*
> *de paz y quietud, hacemos una cura".*

– Siéntese diez o quince minutos e imagínese praderas, bosques, campos y flores. Piense en cosas agradables, objetos mejor que acontencimientos, luego repita una vez más:

> *"Que suave es la lluvia, cae tranquila*
> *por los campos de los alrededores.*
> *Llena el corazón y apacigua la mente,*
> *nos trae la soledad que tanto buscamos.*
> *Tamborilea de una forma tan dócil*
> *que parece que jamás deja caer una hoja,*
> *el agua que ha traído lavará todas las heridas.*
> *Y tras ella viene la suavidad,*
> *la quietud, la paz y el amor*
> *llenan el ambiente de un frescor nuevo*
> *que baja de las mismísimas nubes.*
> *Se siente tanta calma, tanta calidez,*
> *tanta tranquilidad ;*
> *que ya no podríamos ponernos nerviosos*
> *o alterarnos nunca más,*
> *tan solo existe la tranquilidad.*
> *Porque sentimos el amor a nuestro alrededor,*
> *tan suave, tan tranquilo, tan seguro,*
> *podemos relajarnos, podemos descansar,*
> *de paz y quietud, hacemos una cura".*

Apague las velas.

Repita el ritual cuando sienta la necesidad de hacerlo.

Para lograr poder sobre los demás (1)

– Gráfica 15

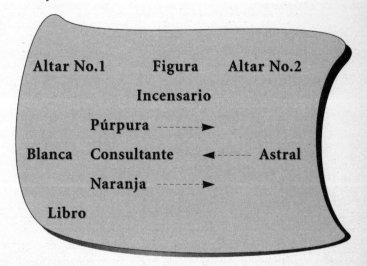

Altar No.1   **Figura**   Altar No.2

Incensario

Púrpura ------►

Blanca   **Consultante** ◄------ **Astral**

Naranja ------►

Libro

Procedimiento:
– Encienda las velas del Altar 1 y 2.
– Encienda el incienso.
– Encienda la vela del Consultante y concéntrese en él.
– Encienda la vela blanca pensando en su fuerza.
– Encienda la vela Astral pensando con intensidad en la persona sobre la cual el Consultante desea tener poder.
– Encienda la vela púrpura. Piense en cómo emana el poder del Consultante y cómo puede afectar a la otra persona.

– Encienda la vela naranja, pensando en la atracción que el Consultante ejerce hacia otra persona. Luego, diga:

> *(Salmo 130)*
>
> *"Señor, desde las profundidades lanzo un grito.*
> *Oye mi voz, Señor:*
> *presta atención a mi voz,*
> *a mis súplicas.*
> *Señor, si tú te muestras inicuo*
> *¿quién no lo va a ser?*
> *Pero tu misericordia es grande,*
> *¿qué puedo temer?*
> *Espero en Dios, mi alma espera,*
> *mi esperanza está en su palabra.*
> *Mi alma espera en Dios*
> *más que los que contemplan el amanecer.*
> *Sí, más que los que contemplan la luz de la mañana.*
> *Israel tiene fe en el Señor,*
> *su gracia le acompaña;*
> *en él se encuentra la redención eterna.*
> *Y redimirá a Israel*
> *de todas sus iniquidades".*

Apague las velas.

Repita el ritual las seis noches siguientes. Cada vez mueva unos centímetros la vela Astral hacia la izquierda (hacia el centro del altar) y también las dos velas púrpura y naranja unos centímetros hacia la derecha (hacia el centro).

Para lograr poder sobre los demás (2)

Procedimiento:

– Encienda las velas del Altar 1 y 2.

– Encienda el incienso. Imagínese el poder del Consultante subiendo al mismo tiempo que asciende el humo.

– Encienda la vela del Consultante, imagíneselo y diga:

"Aquí arde el espíritu, la voluntad y el poder de ... (nombre) ... posee una fuerza con la que supera todo".

– Encienda la vela blanca y diga:

"He aquí la fuerza de ... (nombre) ... he aquí la pureza y la sinceridad que le transformarán en maestro ante cualquiera que se le oponga".

– Encienda la vela Astral de la persona que el Consultante desea dominar. Diga:

"Veo ante mí la imagen de ... (nombre) ...sirviente de...(nombre del Consultante)...No puede hacer nada si no es el deseo del maestro. No puede decir nada sin la instrucción del maestro. Porque es más que un muñeco en las manos del maestro".

– Encienda la vela púrpura y diga:

"Que el poder se manifieste en ... (nombre) ...

– Encienda la vela naranja y diga:

"El es la atracción: Atrae a los demás bajo su voluntad".

– Siéntese un momento e imagínese a la otra persona corrien-
do de un lado a otro a voluntad del Consultante. Diga:

> *"Porque es un dios;*
> *no tiene igual,*
> *y no hay quien le supere.*
> *Es un maestro del el entendimiento,*
> *excelso haciendo planes*
> *y sus decretos son beneficiosos;*
> *y van y vienen bajo sus órdenes.*
> *Fue el quien avasalló las tierras extranjeras*
> *mientras su padre estaba en el palacio;*
> *al cual regresó trayendo la nueva*
> *de que había cumplido su orden.*
> *¡Es fuerte, mira la potencia de su brazo;*
> *es un valiente y no tiene igual!*
> *Apaga su cólera rompiendo calaveras;*
> *no se le puede acercar nadie.*
> *Es robusto de corazón en el momento del ataque;*
> *y su corazón no consigue ya reposo.*
> *Cuando ve una pelea su semblante se enciende;*
> *una de sus alegría es atacar a los bárbaros.*
> *¡Ciñe el escudo y aplastar al enemigo;*
> *no necesita golpear dos veces para matar!*
> *¡Pero también es el señor del encantamiento*
> *y su dulzura es grande;*
> *y lo que ha conquistado,*
> *lo ha conquistado a través del amor!*
> *Su ciudad lo amaba más que él mismo se puede amar;*
> *le ofrecen más júbilo que a su dios;*
> *hombres y mujeres le saludan y le aclaman,*
> *porque es el Rey.*
> *Y conquistaba dominios cuando estaba en el huevo.*
> *Y su figura era una leyenda real antes que naciera.*
> *Hizo multiplicarse a aquellos que nacieron con él;*
> *es único; un regalo de dios.*

El es quien ensancha los límites;
se apoderaría fácilmente de las tierras del sur
y de las del norte,
ya que ha sido creado para castigar a los asirios
y para aplastar a los cruzados.
¡El júbilo corría por la ciudad
porque todo estaba en orden!".

Apague las velas.

Repita el ritual durante nueve noches consecutivas, moviendo, cada vez unos centímetros, la vela Astral hacia el centro; mueva, también unos centímetros hacia el centro, las velas púrpura y naranja.

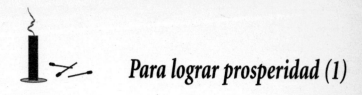

Para lograr prosperidad (1)

– *Gráfica 16*

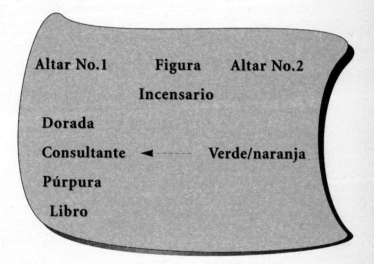

Altar No.1   **Figura**   **Altar No.2**

Incensario

Dorada

Consultante ◄------- **Verde/naranja**

Púrpura

Libro

Procedimiento:
– Encienda las velas del Altar 1 y 2.
– Encienda el incienso.
– Encienda la vela del Consultante mientras piensa en él.
– Encienda la vela dorada mientras piensa en la atracción, la confianza y el crecimiento.
– Encienda la vela púrpura mientras piensa en el progreso y el poder.
– Encienda la vela verde mientras piensa en el dinero, la abundancia y prosperidad.

93

– Encienda la vela naranja mientras piensa en el dinero y la prosperidad que el Consultante atrae. Luego, diga:

(*Salmo 41*)

"Bendito aquel que sabiamente
considera el caso del pobre;
porque cuando vengan los tiempos revueltos,
el Señor los liberará.
Dios le cuidará, si, le salvará;
vivirá con gracia sobre la tierra;
y el deseo de sus enemigos no le alcanzará.
Dios le dará fuerza cuando esté en la cama
y lamenten su muerte;
y en su llaga enferma,
Señor, aliviarás su lecho.
Y te pregunto, Señor,
si tu gracia llegara a tocarme;
quieres curar mi alma; ¿para qué?
Le he ofendido.
Aquellos que para mi son enemigos,
dicen de mi con maldad,
¿cuándo morirá para que su nombre
desaparezca para siempre?
Si viene a verme,
sus palabras son vanas;
pero su corazón se siente dolorido
cuando habla y luego se va.
Los que me odian murmuran juntos
contra mí de mi doloroso legado.
Dicen: dolor, adhiérete rápidamente a él
y no se levantará.
Si, hasta mi íntimo amigo en el que confío,
que come de mi pan,
hasta él se levanta contra mí.
Pero Señor, ten piedad de mi,
y elévame de nuevo,

para que pueda recompensarles según sus caminos.
Con esto sé que seguramente me serás favorable;
porque mi fatídico enemigo no triunfa sobre mí.
Porque al igual que yo,
me mantiene en mi integridad;
y yo me encuentro ante tu figura
que siempre permanece.
El Señor, el Dios de Israel,
bendito seas para siempre,
por los siglos de los siglos.
Amen, así sea, Amen".

Siéntese un momento antes de apagar las velas.

Repita el ritual las noches siguientes, desplazando, cada vez unos centímetros, las velas verde y naranja.

Para lograr prosperidad (2)

Procedimiento:

– Encienda las velas del Altar 1 y 2.

– Encienda el incienso.

– Piense durante unos instantes en cómo el Consultante se vuelve cada vez más poderoso; a través de sus propios esfuerzos, por supuesto.

– Encienda la vela del Consultante y piense intensamente en él. Diga a continuación:

> *"Esta vela representa a ... (nombre) ... cuyo espíritu y cuya determinación son tan fuertes y tan auténticos como esta llama".*

– Encienda la vela dorada y diga:

> *"He aquí la confianza de ... (nombre) ... es tal que no puede más que atraer hacia él la prosperidad".*

– Encienda la vela púrpura y diga:

> *"Esta es la llama del poder. Es necesario llevarla con cuidado. Si se lleva así. Traerá al que la lleva, prosperidad y abundancia más allá de sus sueños. Es el progreso".*

– Encienda las velas verde y naranja (la verde primero) y diga lo siguiente:

> *"Aquí se encuentran los provechos del mundo. He aquí la auténtica prosperidad; la auténtica abundancia y la buena fortuna".*

– Luego, añada lo siguiente:

> *"La pequeña fuente de la colina*
> *chapotea por la corriente cristalina.*
> *Se lanza alturas abajo,*
> *recogiendo en su carrera*
> *los riachuelos que buscan un cauce.*
> *Crece más y más; es un río que se*
> *ensancha en su carrera.*
> *Se desliza por la llanura,*
> *tranquilo, aunque sigue creciendo.*
> *Absorbe todo lo que toca;*
> *absorbe las corrientes más pequeñas*
> *con las que se alimenta.*
> *Va ganando terreno, se extiende. Crece.*
> *Por fin, después de mucho, mucho,*
> *se encuentra con el mar.*
> *Esa basta extensión que se dilata*
> *más allá del horizonte y se funde*
> *con al eternidad.*
> *Sin detenerse del todo, el río*
> *en su carrera merodea*
> *¿Es absorbido? ...*
> *¿o lo posee todo?*
> *Así es como creció,*
> *desde sus humildes principios hasta*
> *unirse con el Todo.*
> *La Totalidad.*
> *La Unicidad".*

Siéntese un momento antes de pagar la velas.

Repita el ritual los días siguientes desplazando, unos centímetros cada vez, las velas verde y naranja hacia la del Consultante.

Continue hasta que las velas verde y la del Consultante se toquen.

Para purificarse (1)

– *Gráfica 17*

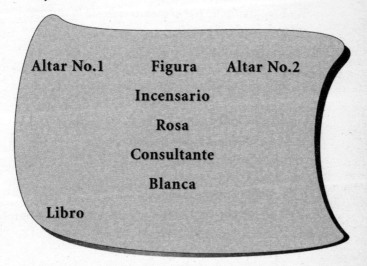

Altar No.1   Figura   Altar No.2

Incensario

Rosa

Consultante

Blanca

Libro

Procedimiento:
– Encienda las velas del Altar 1 y 2.
– Encienda el incienso.
– Encienda la vela del Consultante y piense en él.
– Encienda la vela rosa y piense en el honor, la rectitud y la moral del Consultante.
– Encienda la vela blanca y piense en su sinceridad, autenticidad y pureza. Diga a continuación:

(Salmo 23)

"No quiero al Señor, mi pastor.
Me hace caminar en la mentira.
Por los pasos verdes,
cerca de las tranquilas aguas.

Ahí restaura mi alma de nuevo;
y me hace caminar
por los senderos de la rectitud,
solo por la gloria de su nombre.

Y, aunque camine por el oscuro valle de la muerte,
no temeré ningún mal;
porque su gracia está conmigo;
su medida y su báculo me confortan.

Ha abastecido mi mes en presencia de mis enemigos;
ha untado mi cabeza de aceite
y ha llenado mi copa.

Toda mi vida me acompañarán
tu divinidad y tu merced:
y la casa de Dios será
para siempre mi morada".

– Siéntese tranquilamente unos minutos pensando en la pureza del Consultante. Luego, repita:

"No quiero al Señor, mi pastor.
Me hace caminar en la mentira.
Por los pasos verdes,
cerca de las tranquilas aguas.

Ahí restaura mi alma de nuevo
y me hace caminar.
Por los senderos de la rectitud,
aunque solo sea por la gloria de su nombre.

Y, aunque camine por el oscuro valle de la muerte,
no temeré ningún mal;
porque su gracia está conmigo;
su medida y su báculo me confortan

Ha abastecido mi mesa
en presencia de mis enemigos;
ha untado mi cabeza de aceite
y ha llenado mi copa.

Toda mi vida me acompañarán
tu divinidad y tu merced:
y la casa de Dios será
para siempre mi morada".

– Siéntese de nuevo cinco minutos, pensando en la pureza del Consultante. Luego, repita de nuevo:

"No quiero al Señor, mi pastor.
Me hace caminar en la mentira.
Por los pasos verdes,
cerca de las tranquilas aguas.

Ahí restaura mi alma de nuevo
y me hace caminar.
Por los senderos de la rectitud,
aunque solo sea por la gloria de su nombre.

Y, aunque camine por el oscuro valle de la muerte,
no temeré ningún mal;
porque su gracia está conmigo;
su medida y su báculo me confortan.

Ha abastecido mi mesa
en presencia de mis enemigos;
ha untado mi cabeza de aceite y
ha llenado mi copa.

Toda mi vida me acompañarán
tu divinidad y tu merced:
Y la casa de Dios será
para siempre mi morada".

Después de cinco minutos más de contemplación, apague las velas. Repítalo cada tres días y también cuando lo desee.

Para purificarse (2)

Procedimiento:

– Encienda la velas del Altar 1 y 2.

– Encienda el incienso.

– Encienda la vela del Consultante, mientras concentra sus pensamientos en él. Diga:

> *"He aquí a ... (nombre) ..., cuyo espíritu arde tan auténticamente como lo hace esta llama. Es elevado, firme y verdadero. Su nombre es la pureza".*

– Encienda la vela rosa mientras piensa en el gran amor y el honor del Consultante. Diga:

> *"He aquí su honor, su rectitud ..."*

– Encienda la vela blanca y diga:

> *"... y he aquí su pureza, su verdad y su sinceridad".*

– Ahora, piense intensamente en cómo todas estas cualidades entran en el Consultante y se quedan en él. Ya son parte de él. El es la pureza. Diga lo siguiente:

> *"La Suma Sacerdotisa,*
> *acompañada de sus doncellas,*
> *viene del lejano este y llega por fin*
> *a las orillas del río.*
> *Ahí hace una pausa y,*
> *sus ojos reflejan los destellos de las aguas,*
> *sonríe y eleva los brazos hacia el cielo.*
> *Sus doncellas se acercan a ella entre risas musicales,*
> *empiezan a colocar los adornos a su Señora.*

> *Extienden los delicados pañuelos de seda*
> *sobre la hierba húmeda,*
> *a orillas del río, y sobre ellos,*
> *colocan las joyas de la Suma Sacerdotisa.*
> *Mientras la más joven de ellas*
> *peina los cabellos de su Dama,*
> *las otra colocan los adornos.*
>
> *Luego todas dan palmaditas entre gritos*
> *y susurros de placer y bajan hasta la orilla*
> *y se adentran en el río plateado.*
> *Ahí chapotean y corren y saltan y gritan;*
> *son ninfas del agua, son espíritus.*
> *La suciedad de los viajes se desliza por sus cuerpos.*
> *Y allí se va la escoria de sus temores.*
> *Ya están limpias y juegan*
> *en ese claro remanso de agua,*
> *revoloteando por la hierba*
> *y los árboles de la orilla.*
> *Están limpias y puras de nuevo".*

Siéntese tranquilamente y medite quince minutos antes de apagar las velas.

Repita el ritual cada tres días y también cuando lo desee.

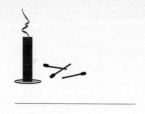

Para acabar con la calumnia (1)

– *Gráfica 18*

Altar No.1   Figura   Altar No.2

Incensario

Blanca No.1

Blanca No.2   Blanca No.3

Blanca No.4   Consultante   Blanca No.5

Blanca No.6   Blanca No.7

Blanca No.8

Libro

Procedimiento:

– Encienda las velas del Altar 1 y 2.

– Encienda el incienso.

– Encienda la vela del Consultante mientras concentra sus pensamientos en él.

– Encienda las velas blancas 1, 2, 3 4, 5, 6, 7 y 8. Imagínese al Consultante completamente rodeado de pureza, verdad y sinceridad. Es una barrera infranqueable. Luego diga:

(Salmo 2)

"¿Por qué se enfurece el bárbaro?
¿Por qué cree la gente en cosas vanas?
Los reyes de la tierra se hacen a sí mismos
y los príncipes se cosechan.
Para conjurar contra el Señor y su consagración dicen.
Dejad que hagamos pedazos sus bandos,
y rompamos sus lazos.
Aquel que está sentado en los cielos,
se reirá; el Señor despreciará a todos.
Luego les hablará con cólera y rabia y les ofenderá.
Y sin resistir, haré que sea mi Rey;
y sobre Sión, mi monte sagrado, le consagraré Rey.
Clamaré un decreto verdadero;
el Señor me lo ha dicho, tú eres mi hijo único;
en éste te he engendrado.
Pídeme y pide la herencia
del bárbaro que se consume; y, para que lo poseas,
te daré el plan supremo de la tierra.
Así será, los aplastarás a todos,
como si fueras una barra de hierro;
y como si fueran una vasija de barro,
estallarán en mil pedazos.
Reyes, de ahora en adelante, sed sabios;
hablad y sed los jueces de la tierra:
Servid a Dios en el miedo
y mirad como se une tembloroso a vuestra alegría.
Besad al Hijo, para que su ira
no desaparezca en el camino,
si alguna vez se enciende su cólera:
bendecid todo su ser".

Siéntese y medite tranquilamente diez minutos antes de apagar las velas.

Repita este ritual cada tres noches o cuando lo desee.

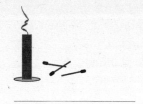

Para acabar con la calumnia (2)

Procedimiento:

– Encienda las velas del Altar 1 y 2.

– Encienda el incienso.

– Encienda la vela del Consultante y concentre sus pensamientos en él. Ahora diga lo siguiente:

> *"He aquí a ...(nombre)..., que ha sido injustamente calumniado".*

– Encienda las velas blancas por orden y diga:

> *"Alrededor de él están la verdad y la pureza; alrededor de él está el poder de la honestidad. Nada podrá atravesar esta coraza y dañarle".*

– Imagínese luego, que el calumniador injusto, cesa de murmurar y que el Consultante emerge limpio y sin manchas. Luego, diga en voz alta y con claridad:

> *"¡He aquí una imagen que he creado!*
> *Es ...(nombre de la persona)...*
> *quien ha lanzado calumnia contra mí.*
> *Ahora le tengo ante mí;*
> *a quien quiso hacerme daño.*
> *¡Le voy atar y le voy a derribar!*
> *Cerraré esa boca por la que habla;*
> *coseré juntos sus labios*
> *y haré que no hable nunca más.*
> *Ataré su cuerpo con cuerdas y redes prietas.*
> *Se ajustarán tanto que jamás volverá a hablar;*

ahora no puede comunicar su mente maligna
con los que practican esas cosas;
que mastican y les dejan a un lado
para sembrar las semillas de la calumnia,
del alimento y de la cosecha salvaje.
Sus mieses están cortadas,
sus campos son áridos.
Su tierra es estéril.
Las lenguas se han parado;
los labios se han cerrado;
los pensamientos se han hecho silenciosos
así mis acciones podrán salir ilesas.
Que aquí se detenga,
tal es mi deseo".

Siéntese tranquilamente a meditar diez minutos antes de apagar las velas.

Repítalo cada tres noches y también cuando lo desee.

Para conseguir el éxito (1)

– Gráfica 19

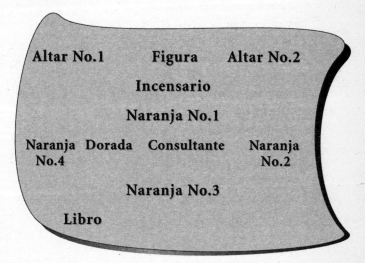

Altar No.1   Figura   Altar No.2

Incensario

Naranja No.1

Naranja Dorada   Consultante   Naranja
No.4   No.2

Naranja No.3

Libro

Procedimiento:
– Encienda las velas del Altar 1 y 2.
– Encienda el incienso.
– Encienda la vela del Consultante y concentre sus pensamientos en él.
– Encienda la vela dorada y la veja naranja 1 (nada más) y piense que el Consultante tiene mucha suerte en cualquier cosa que se proponga. (Véase el final del ritual con las instrucciones para las velas naranjas 2, 3 y 4). Luego, diga:

(Salmo 95)

"Venid, cantemos al Señor: venid,
que de cada uno salgan sonidos de alegría
para la Peña de nuestra salvación.
Acudamos ante su presencia con voces de rezo
y de agradecimiento;
cantémosle salmos con gracia,
que los sonidos sean alegres.
Porque él es Dios, un gran Dios y un gran Rey,
por encina de todos los dioses.
Los abismos de la tierra están en sus manos,
la fuerza de las montañas es suya.
La intensidad del mar le pertenece,
porque fue él quien lo creó:
También tomaron forma de sus manos,
las tierras áridas.
Venid y venerémosle,
inclinémonos ante él también,
y dejémonos caer de rodillas
ante nuestro Señor el Creador.
Porque es nuestro Dios, las gentes,
nosotros, somos su rebaño,
y en su mano, el cordero;
hoy también oirás su voz.
Entonces, que no se endurezcan
los corazones como en una provocación,
como en el desierto, el día de la tentación:
cuando vuestros padres me tentaban
y me probaban y vieron mi obra;
a lo largo de cuarenta años esta raza me ha herido.
Y decía. Estas gentes son pecadoras
en sus corazones, no conocen mis senderos:
El hombre sobre el cual caía mi ira,
no conocía el reposo".

Siéntese diez minutos e imagínese que el Consultante obtiene un éxito completo.

Apague las velas.

La primera vez, realizará este ritual un martes. Lo repetirá el viernes siguiente y entonces encenderá las velas naranjas 1 y 2. Al martes siguiente vuelva a efectuar el ritual y encienda las velas naranjas 1, 2 y 3. Finalmente, al viernes siguiente repita el ritual. Esta vez encienda las cuatro velas naranjas.

Si tiene la necesidad de prolongar la ceremonia más tiempo, tendrá que hacerlo siempre cada martes y cada viernes y, después de la "puesta en marcha" inicial, tendrá que encender invariablemente todas las velas. Continúe hasta que consiga el éxito total.

Para conseguir el éxito (2)

Procedimiento:

– Encienda las velas del Altar 1 y 2.

– Encienda el incienso y medite sobre el éxito que va a lograr.

– Encienda la vela del Consultante e imagíneselo. Luego, diga:

> *"He aquí a ...(nombre)..., un hombre bueno y recto. Está trabajando duramente para conseguir el éxito en ... (apunte los detalles de lo que desea conseguir)...; se merece completamente este éxito".*

– Encienda la vela dorada y diga:

> *"He aquí la llama que traerá el éxito hasta él. La llama es poderosa; la atracción es fuerte".*

– Encienda la vela naranja 1 y diga:

> *"He aquí el éxito que desea. Le ha llegado a través de su propio esfuerzo y el de los dioses. Le llegará con la misma intensidad que lo merece. Cuanto más trabaje para conseguir este éxito, más abundante será".*

– Siéntese cinco minutos a pensar en todo lo que el Consultante ha hecho para merecer el éxito en su empresa. Imagíneselo trabajando para conseguirlo. Imagínese que lo consigue. Imagínese, ahora, que el éxito le rodea. Imagíneselo, por fin, volviéndose y recogiendo su recompensa. Luego, diga lo siguiente:

"*Los rayos del sol jugaban*
luminosos sobre las olas del océano;
a lo lejos, en alta mar, veía brillar el barco
que me llevaría a mi patria;
esperaba que soplara el viento adecuado,
estaba sentado, tranquilamente sobre la arena blanca,
a orillas del mar solitario,
y leí el canto de Ulises,
ese canto antiguo, pero siempre lleno de vida,
que el océano susurra como despedida,
que surge alegremente
como el hálito de los dioses,
la primavera luminosa de la humanidad,
y el cielo claro, sin nubes, de la hermosa Hélade.

Mi corazón noble y lleno de fe acompañaba
al hijo de Laertes, en el esfuerzo y en la pena:
me senté junto a él, el espíritu afligido,
en el hogar acogedor,
donde las reinas se sientan
a hilar la rica púrpura oscura;
le ayudé a esconderse y a escapar hábilmente
de las cuevas de los gigantes
y de los blancos brazos de las ninfas;
le seguí en la noche de Kimmerian.
Y sufrí junto a él una angustia inenarrable,
en la tormenta y el naufragio.

En un suspiro dije: 'Vengador Poseidón,
tu furia es odiosa,
y yo mismo me asusto
de mi propio regreso a casa'.

Apenas había pronunciado estas palabras,
cuando el mar se levantó,
y entre las crestas blancas de las olas surgió
la cabeza del dios, coronada de algas,
y gritó con ímpetu:

'¡No temas, mi querido pequeño Poeta!
No tengo intención de hacer daño alguno
a tu pobre barquichuela,
tampoco temas por tu pobre juicio
alborotándote con bullicio:
Porque, pequeño poeta, no me has indignado.

Nunca me has hecho estremecerme
la torrecita de Priam, la ciudad santa;
tampoco has quemado la punta de una sola pestaña
del ojo de mi hijo Polífemo;
ni tampoco has tenido a la Diosa de la Sabiduría,
Palas Atenea, a tu lado, aconsejándote'.

Así gritó Poseidón,
y el océano lo engulló;
y en las bromas vulgares del viejo marinero,
oía a Antifrites, la ruda sirena,
y a las hijas cecias de Nereox,
entre risillas, cerca de las aguas".

Siéntese diez minutos e imagínese que el Consultante ha conseguido un éxito total. Luego apague las velas.

Este ritual se realiza, por primera vez, un martes. Repítalo el viernes, pero no sin haber encendido las velas naranjas 1 y 2. Al martes siguiente efectúe de nuevo el ritual, encendiendo las velas naranjas 1, 2 y 3. Finalmente, al viernes siguiente, repita el ritual encendiendo las cuatro velas naranjas. Puede seguir repitiendo el ritual los martes y viernes siguientes, pero encendiendo siempre todas las velas, hasta que consiga el éxito total.

Para saber la verdad (1)

– *Gráfica 20*

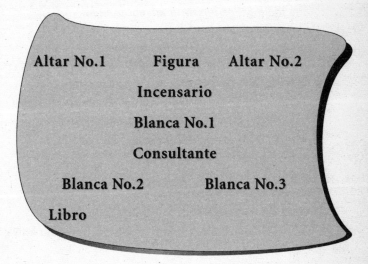

Altar No.1   Figura   Altar No.2

Incensario

Blanca No.1

Consultante

Blanca No.2   Blanca No.3

Libro

Procedimiento:

– Encienda las velas del Altar 1 y 2.
– Encienda el incienso.
– Concéntrese bien en la persona sobre la cual desea conocer la verdad.
– Encienda la vela del Consultante y piense en él.
– Encienda la vela blanca y diga a continuación:

(Salmo 117)

"Que todas las naciones alaben al Señor;
que todas las gentes de la misma manera,
magnifiquen su nombre.
Siempre será grande su amorosa bondad:
su verdad perdura para siempre.
Benditos seas, Señor".

– Encienda la vela blanca 2 y diga:

"Que todas las naciones alaben al Señor;
que todas las gentes de la misma manera,
magnifiquen su nombre.
Siempre será grande su amorosa bondad:
su verdad perdura para siempre.
Benditos seas, Señor".

– Encienda la vela blanca No.3 y diga:

"Que todas las naciones alaben al Señor;
que todas las gentes de la misma manera,
magnifiquen su nombre.
Siempre será grande su amorosa bondad:
su verdad perdura para siempre.
Benditos seas, Señor".

Lleve a cabo media hora de contemplación reposada antes de apagar las velas.

Para saber la verdad (2)

Procedimiento:

– Encienda las velas del Altar 1 y 2.

– Encienda el incienso.

– Piense en el sujeto sobre el cual desea saber la verdad.

– Encienda la vela del Consultante, piense en él y diga:

> *"Enciendo esta vela para que represente a ... (Nombre)... Arde al igual que arde su espíritu. Es igual que él en todas las cosas".*

– Encienda, por orden, las velas blancas y diga:

> *"Estos son los símbolos de la verdad. Están unidos a ... (nombre) ... y le enseñarán toda la verdad".*

– Luego, diga:

> *"Así como cabalga en la noche,*
> *a través de la tierra desnuda,*
> *en el fulgor de la luz de la luna,*
> *vi un hermoso castillo;*
> *damas y caballeros, grandes y pequeños,*
> *bullían, era un festejo,*
> *el viento arremolinaba las hojas.*
>
> *Me dieron la bienvenida y entré*
> *a beber de su vino para alegrar mi corazón.*
> *Bailé y reí con auténticas doncellas.*
> *Jamás en mi vida había disfrutado*
> *de un banquete igual;*
> *y el viento arremolinaba las hojas.*

Entonces, de repente, se oyó un grito:
¡Haro por Yaro! y me fui durmiendo
mientras una doncella que bailaba a mi lado
se deslizó como un lagarto;
y el viento arremolinaba las hojas.

Desperté con la primera luz del alba,
estaba tumbado entre unas ruinas antiguas,
sobre la roca y bajo el sol
¡Vi correr un lagarto verdioro!
Y el viento arremolinaba las hojas.

Ahora conozco la verdad y está en mí,
porque he visto lo que tenía que ver,
el conocimiento secreto acude a mi mente,
lleva en sí las risas del más allá;
y el viento arremolinaba las hojas".

Luego, permanezca media hora contemplando tranquilamente.

Durante este tiempo se presentará la verdad de la persona en cuestión.

Apague las velas.

Cómo disipar
a la oposición (1)

– *Gráfica 21*

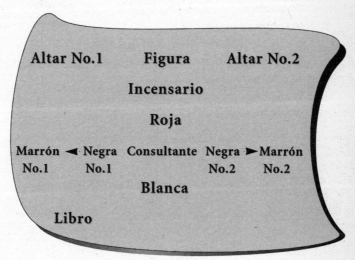

Altar No.1   **Figura**   Altar No.2

Incensario

Roja

Marrón ◀ Negra   **Consultante**   Negra ▶ Marrón
No.1   No.1   No.2   No.2

Blanca

Libro

Procedimiento:

– Encienda las velas del Altar 1 y 2.

– Encienda el incienso.

– Encienda la vela del Consultante, pensando en él.

– Encienda la vela roja y blanca pensando en la pureza y la fuerza del Consultante para disipar la oposición.

– Encienda las velas negras 1 y 2, pensando en la "oposición" al Consultante, o pensando en la persona que se le opone (si la conoce).

– Encienda las velas marrones 1 y 2, pensando en la inseguridad y la derrota de la persona que se opone al Consultante. Diga a continuación:

> *(Salmo 59)*
>
> *"Dios mío libérame de aquellos que son mis enemigos:*
> *y ayúdame a defenderme*
> *de los que se levantan contra mí.*
> *Libérame de los que obran con iniquidad;*
> *y sálvame de los hombre crueles y sangrientos.*
> *Porque están esperando que perezca mi alma:*
> *la voluntad actúa*
> *contra mí Señor; no tengo yo la culpa,*
> *ni tampoco la tiene el destino.*
> *Se abalanzan sobre mí, sin yo tener culpa alguna:*
> *viene a mi encuentro con tu ayuda;*
> *te das cuenta de ello.*
> *Disponte entonces, Señor de los ejércitos, tu,*
> *Dios de Israel,*
> *a visitar a estos bárbaros:*
> *no perdones a ninguno que se rebele falsamente.*
> *Por la noche van de aquí para allá:*
> *hacen mucho ruido, como perros,*
> *y a menudo pasean por toda la ciudad.*
> *Mira los eructos que salen por sus bocas*
> *y entre sus labios llevan cuchillos:*
> *y a ti te dicen*
> *¿quién es el que ahora escucha nuestras palabras?*
> *Pero, tú Señor, te reirás de ellos*
> *y te burlarás de todos los bárbaros.*
> *Mientras esté en el poder,*
> *pondré mi esperanza en él;*
> *porque Dios es mi mayor meta.*
> *Pronto, el Dios de la gracia me liberará:*
> *por encima de mis enemigos,*
> *Dios me dejará ver la alegría de mi corazón.*

No les mates, déjame olvidarles;
pero exíliales de tu poder absoluto;
y rebájales, escudo y Dios mío.
Por el sino de sus bocas y por las palabras que
vuelan fuera de sus labios,
déjales que acudan ante ti, los primeros;
porque mienten y maldicen.
Consúmelos con tu cólera
y luego consume lo que ya no debe ser:
y por Jacob el Bueno,
déjales ver los límites de la tierra.
Por la noche, déjales que vengan a ti,
harán mucho ruido,
como perros, y a menudo pasean por toda la ciudad.
Déjales que vaguen acá y allá,
en busca de comida para alimentarse;
y déjales que envidien cuando no se encuentren
satisfechos con los alimentos.
Por tu poder, al que canto a viva voz;
por la mañana rezo por tu gracia:
por ti, que me das cobijo en tu torre
los días de tormenta.
¡Oh Dios! tú eres mi fuerza,
cantaré plegarias para ti.
Porque Dios es mi defensa,
un Dios de gracia llevo en mí".

Apague las velas negras y marrones, luego siéntese cinco minutos antes de apagar las demás.

Repita el ritual cada tres días, desplazando las velas negras hacia las marrones, unos centímetros cada vez. Siga adelante hasta que las negras toquen a las marrones.

Cómo disipar a la oposición (2)

Procedimiento:

– Encienda las velas del Altar 1 y 2.

– Encienda el incienso.

– Encienda la vela del Consultante, mientras piensa en él. Diga ahora lo siguiente:

> *"He aquí a ...(nombre)... que sufre por una circunstancia que se le opone. A pesar de ello, su espíritu arde tan auténticamente como esta llama. Pronto será libre".*

– Encienda la vela roja y diga:

> *"He aquí la fuerza que le ayudará a superar todo lo que venga; a recobrar todo lo que ha quedado a un lado".*

– Encienda la vela blanca y diga:

> *"Y aquí nos encontramos con la pureza; la pureza de ... (nombre)... que va a surgir de nuevo y reinará para siempre".*

– Encienda las velas negras 1 y 2. Diga:

> *"La oscuridad que envuelve a ...(nombre del Consultante)... queda encerrada entre estas dos velas. Según arden estas llamas, queda absorbida en ellas esta oscuridad. Si se alejan de él, se dispersa la oscuridad".*

– Aún más, si conoce el nombre de la persona* que se opone al Consultante, diga a continuación:

> *"En estas dos velas se encuentran el corazón y la voluntad de ...(el otro nombre)... que se nos opone. Al mismo tiempo que arden estas llamas, queda absorbida en ellas la oscuridad. Si se alejan los velas, con ellas se aleja la oscuridad".*

– Encienda las velas marrones 1 y 2. Diga:

> *"He aquí la inseguridad. Desaparece la confianza en la menta maligna. Desaparece la seguridad y la constancia de la meta. Aparece la duda y la desesperación".*

– Imagínese ahora que el Consultante se ha liberado completamente de la circunstancia que se le oponía. Piense intensamente en ello y diga:

> *"¡Fluye veneno de los pensamientos*
> *oscuros y tortuosos!*
> *¡Acude a mis palabras, según te las voy dictando!*
> *¡Soy el dios que vino para representarlo!*
> *Acude, aparece a la orden de Ceridwen;*
> *soy Leif, el médico que alivia al dios.*
> *¡Fluye por los miembros!*
> *Acude, aparece a la orden de Arranrod;*
> *mira, soy Leif, el médico que alivia al dios.*
> *¡Fluye por los miembros!*
>
> *Acude, aparece a la orden de Bride;*
> *mira, soy Leif, el médico que alivia al dios.*
> *¡Fluye por los miembros!*
> *Acue, aparece a la orden de Astarté;*
> *mira, soy Leif, el médico que alivia al dios.*
> *¡Fluye por los miembros!*
> *Acude, aparece a la orden de Gana;*

---

* Si conoce a la persona, utilice las velas astrales en lugar de las negras.

mira, soy Leif, el médico que alivia al dios.
¡Fluye por los miembros!

Cuando el sol salga y atraviese el techo del mundo;
cuando se realicen los oficios
en todos los templos el territorio;
cuando los mares suban y bajen
según el deseo de Nuestra Señora;
cuando la arena del tiempo pase
y vuelva a pasar, continua y circula;
entonces será;
el veneno del cuerpo será saldrá hacia afuera
fluirá siempre hacia afuera,
para regresar de donde venía.
Volverá al que lo mando,
pero habrá ganado fuerza y poder maléfico,
y, surcando el atormentador, le herirá tres veces más
que cuando salió".

Apague las velas negras y marrones. Después siéntese cinco minutos pensando que un nuevo poder y fuerza fluirán por el cuerpo y la mente del Consultante. Imagíneselo revitalizado, sin opresión ninguna. Cinco minutos después apague las velas restantes.

Repita el ritual cada tres días, alejando las dos velas negras unos centímetros de las del Consultante. Prosiga hasta que las velas negras toquen por fin las marrones.

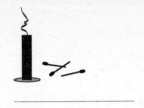

Para desarrollar la comprensión (1)

– Gráfica 22

Altar No.1	Figura	Altar No.2
	Incensario	
	Azul brillante No.1	
Azul brillante No.3	Consultante	Azul brillante No.4
	Azul brillante No.2	
Libro		

Procedimiento:

– Encienda las velas del Altar 1 y 2.

– Encienda el incienso.

– Encienda la vela del Consultante mientras piensa en él.

– Encienda las velas azul brillante 1, 2, 3 y 4.

– Imagínese por un momento que es comprendido; que entiende el punto de vista de otra persona; que es agradable. Luego, diga lo siguiente:

(Salmo 133)

"Mira qué bien están y cómo prosperan,
¡Juntos como hermanos, van a vivir unidos!
Son igual que ungüento valioso que se escurre
desde la cabeza hasta la barba,
y si fuera la barba de Aarón,
correría por las faldas de sus vestimentas.
Como el rocío de Hermón,
el roció que cae sobre las colinas de Sión:
porque ahí manda Dios y la vida se vuelve eterna".

– Deténgase un momento, y luego repita:

"Mira qué bien están y cómo prosperan,
¡Juntos como hermanos, van a vivir unidos!
Son igual que ungüento valioso que se escurre
desde la cabeza hasta la barba,
y si fuera la barba de Aarón,
correría por las faldas de sus vestimentas.
Como el rocío de Hermón,
el roció que cae sobre las colinas de Sión:
porque ahí manda Dios y la vida se vuelve eterna".

– Deténgase un momento, y luego repita:

"Mira qué bien están y cómo prosperan,
¡Juntos como hermanos, van a vivir unidos!
Son igual que ungüento valioso que se escurre
desde la cabeza hasta la barba,
y si fuera la barba de Aarón,
correría por las faldas de sus vestimentas.
Como el rocío de Hermón,
el roció que cae sobre las colinas de Sión:
porque ahí manda Dios y la vida se vuelve eterna".

Siéntese un momento en estado de quietud y contemplación antes de apagar las llamas. Repítalo cada noche, a lo largo de siete noches.

Para desarrollar la comprensión (2)

Procedimiento:

– Encienda las velas del Altar 1 y 2.
– Encienda el incienso, que mezclará preferentemente con un poco de canela y almáciga.
– Encienda la vela del Consultante. Concentre sus pensamientos en él.
– Encienda las velas azul brillante 1, 2, 3 y 4. Mientras, piense intensamente en la necesidad de recibir comprensión de los demás; de comprender sus puntos de vista; de ser simpático. Luego, diga con tranquilidad:

> *"El águila vuela a tanta altura,*
> *sus ojos, desde lo alto, lo ven todo;*
> *cumple en destino amenazador*
> *del ratón, el conejo o la liebre.*
> *No piensan en los demás*
> *en sí, les importa un bledo.*
>
> *Para cazar el gamo, los perros saltan*
> *tan ligeros y tan veloces.*
> *Bailan a su alrededor y sacan sus dientes mortales*
> *ese día, se pisan los talones.*
> *No piensan en los demás,*
> *en sí, les importa un bledo.*
>
> *El cordero es una presa fácil para el lobo*
> *no lucha por miedo;*
> *pero el lobo atacará*

al cordero, luego se oirán aullidos.
No piensan en los demás,
en sí, les importa un bledo.

No dejes que sea insensato,
despreocupado; que me falte sensibilidad.
No dejes que tan solo vea un camino,
tal vez sin regreso posible.
Haz que reciba lo que estoy dando,
esa comprensión que está dentro de mí".

Siéntese y descanse unos diez minutos antes de apagar las velas.

Repita el ritual siete noches consecutivas.

Para adivinar * (1)

– Gráfica 23

Altar No.1   Figura   Altar No.2

Incensario

Blanca

Naranja   Consultante   Naranja
No.1   No.2

Púrpura

Libro

Procedimiento:

– Encienda las velas del Altar 1 y 2.

– Encienda el incienso.

– Encienda la vela del Consultante mientras piensa en él.

– Encienda la vela blanca. Piense en la pureza, la verdad y la sinceridad.

---

* También se puede utilizar para ver en un cristal o en un espejo, o para cualquier otro tipo de arte adivinatorio.

– Encienda la vela púrpura. Piense en el poder de adivinar.

– Encienda las velas naranjas 1 y 2, pensando en cómo este poder es atraído por el Consultante. Diga ahora:

(Salmo 62)

"Mi alma con expectación depende de Dios:
mi fuerza y mi salvación,
tan solo proceden de él.
El es mi única salvación
y mi roca fuerte también;
tan solo él es mi defensor seguro;
no me apartaré mucho de él.

¿Cuánto tiempo vas a conjurar
el mal sobre este hombre?
Nos matarán a todos;
será como un cercado
lleno de gentes desplomadas,
como el muro de las lamentaciones.
Están conjurando para derribar su seguridad:
se regocijan en la mentira;
son santos de boca pero maldicen como cobardes.

Mi alma espera con paciencia,
al dios único;
en él están mi esperanza y expectación.
El es mi única salvación
y mi roca fuerte también;
tan solo él es mi defensor seguro;
no me apartaré mucho de él.

En Dios pongo mi gloria y mi salvación segura;
en Dios, la roca está mi fuerza,
mi refugio más seguro,
gentes, poned vuestra confianza
en él eternamente;
verted vuestros corazones ante él:
Dios es nuestro sumo refugio.

Dios me habló una vez,
si, esto es lo que he vuelto a escuchar,
que el poder de Dios Todopoderoso
tan solo le pertenece a él.
Si, y la gracia que también
nos concede es solo tuya, Señor;
por tanto, recompensa a cada cual,
de acuerdo con su esfuerzo".

Siéntese tranquilamente un momento y vacíe su mente de cualquier pensamiento. Luego, póngase de espaldas al altar y observe el cristal. Cuando se haya cumplido lo que quería, póngase de nuevo frente al altar e incline la cabeza unos momentos, en silencio. Apague las velas.

Para adivinar * (2)

Procedimiento:

– Encienda las velas del Altar 1 y 2.

– Encienda el incienso (se recomienda añadir una mezcla de canela y almáciga).

– Encienda la vela del Consultante. Piense en él y diga:

"Aquí arde el espíritu y el poder de ... (nombre) ..., sabio que el conocimiento de lo oculto y firme en la pureza".

– Encienda la vela blanca y diga:

"Aquí arden la pureza, la verdad y la sinceridad. Le acompañan en el rito y más allá de él".

– Encienda la vela púrpura y diga:

"El poder es suyo. El poder para llevar a cabo sus fines en este rito".

– Encienda las velas naranjas 1 y 2. Diga:

"Aquello que quiere adivinar queda bajo su atracción al igual que la mariposa es atraída por la llama de la vida".

– Siéntese un momento y ponga en orden sus pensamientos. Decida exactamente lo que desee ver. Luego, diga a continuación lo siguiente:

---

* También se puede utilizar como el anterior, para ver en un cristal o en un espejo, o para cualquier otro tipo de arte adivinatorio.

> *"Alrededor de mí se ha elevado un muro de luz;*
> *a través de él, tan solo pasará lo que no me hiera.*
> *No hay duda de que lo puedo ver todo,*
> *pero lo que voy a ver no está fuera de mí.*
> *Los dioses son mis guías y también son mi fuerza.*
> *Todo lo que se me revele será a través de ellos;*
> *por eso os doy las gracias".*

– Dele la espalda al altar iluminado y deje su mente vacía de cualquier pensamiento. Lleve su atención al objeto de su adivinación (cristal, espejo o lo que sea) que puede estar en el suelo o encima de una mesa baja.

– Después de penetrar el espacio adivinatorio, póngase de nuevo frente al Altar y diga:

> *"Se ha cumplido lo que deseaba.*
> *Que los dioses me acompañen siempre y*
> *me protejan de todo lo que haga".*

Apague las velas en orden inverso al que las encendió.

Para meditar (1)

– *Gráfica 24*

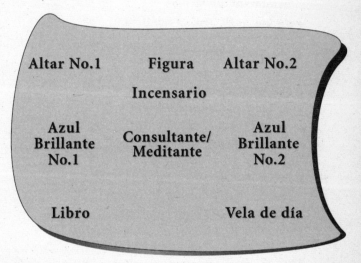

Altar No.1	Figura	Altar No.2
	Incensario	
Azul Brillante No.1	Consultante/ Meditante	Azul Brillante No.2
Libro		Vela de día

Procedimiento:

– Encienda las velas del Altar 1 y 2.
– Encienda la vela del día.
– Encienda la vela del incienso.
– Encienda la vela del Consultante pensando en él.
– Encienda las velas azul brillante. Piense en la paz y la tranquilidad. Diga lo siguiente:

"Nos hemos encontrado contigo
en el orden de la naturaleza
y en las obras d ella historia.
Pero no te hemos conocido
como debiéramos en nuestras vidas.
Y tu ser no está lejos de nosotros,
y ese es nuestro único error
cuando trabajamos tan solo un día incluso,
sin tu graciosa compañía.
Ayúdanos te suplicamos,
para que hagas real en nosotros
tu presencia y tu ayuda.
Que ninguna nube oscurezca tu rostro,
que la luz de tu gloria nos guíe
a lo largo de nuestra vida.
Haz que este día sea de alegría
y de crecimiento para nosotros,
y que cuando llegue la noche,
nos encontremos más cerca de la meta
que persigue nuestro camino.
Ayúdanos a comprender la riqueza
que tú has puesto para nosotros,
en la flores y frutos extraños que crecerán
en los jardines de nuestro corazón.
Que no dispensemos un solo esfuerzo en su cuidado,
aunque obremos por un bien material.
Ven y aconséjanos en el elevado cultivo
de nuestra vidas.
Y que la recolección sea para
nuestro propio enriquecimiento y por fin,
para tu consentimiento".

Siéntese a meditar según suele hacerlo (meditación trascendental, mantra—yóguica, etc.).

Al final de la meditación, apague las velas en sentido contrario al que las encendió.

Para meditar (2)

Procedimiento:

– Encienda las velas del Altar 1 y 2.

– Encienda el incienso.

– Encienda la vela del día.

– Encienda la vela que le corresponde al Consultante (Consultante = Meditante). Piense en sí mismo y diga:

> *"Esta vela soy yo, arde en constancia y autenticidad".*

– Encienda las velas azul brillante 1 y 2. Diga:

> *"Aquí encuentro la paz y la tranquilidad. En un lugar aparte, en el que puedo meditar a salvo y crecer en mi espíritu".*

Siéntese a meditar como suele hacerlo (meditación transcendental, mantra–yóguica, etc.). Al acabar el período de meditación, apague las velas en orden inverso al que las encendió.

Para soñar (1)

– Gráfica 25

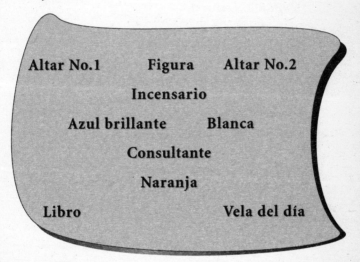

Altar No.1   Figura   Altar No.2

Incensario

Azul brillante   Blanca

Consultante

Naranja

Libro   Vela del día

Procedimiento:

– Encienda las velas del Altar 1 y 2.

– Encienda el incienso.

– Encienda la vela del Consultante pensando en él.

– Encienda la vela azul brillante. Pense en la paz y la tranquilidad.

– Encienda la vela naranja. Piense en lo que desea soñar.

– Encienda la vela blanca. Piense en la verdad de sus sueños. Diga:

(Salmo 11)

"Pongo mi confianza en el Señor;
¿Cómo es que le dice a mi alma:
vuela, como un pájaro, hasta tu montaña más alta?

Mirad, tensa su malvado arco
y ajusta sus dardos en la cuerda,
para poder acertar, ante todo,
a los de corazón honrado.
Si se destruyen las fundaciones
¿Qué hará el ser recto?

Dios está en su templo sagrado,
su trono está en el cielo:
sus ojos ven, sus párpados irritan
a los hijos del hombre. Aprueba al justo:
pero su alma odia al hombre malvado,
y al que ama la violencia.

Trampas, fuego, azufre, tempestades furiosas,
hará caer sobre los pecadores:
y esto, como la proporción de su copa
a ellos les pertenece.

Porque el Señor más recto
se deleita de su rectitud;
y con semblante agradable
contempla al honrado".

Siéntese tranquilamente unos minutos antes de apagar las velas. Tendrá que realizar este ritual por la noche, antes de irse a la cama, que es cuando se llama a los sueños.

Para soñar (2)

Procedimiento:

– Encienda las velas del Altar 1 y 2.

– Encienda la vela del día.

– Encienda el incienso.

– Encienda la vela del Consultante y diga:

> *"He aquí a ... (nombre) ..., el sujeto de este rito".*

– Encienda la vela azul brillante y diga:

> *"Aquí arden la tranquilidad y la paciencia, que son necesarias para que se cumpla el deseo".*

– Encienda la vela naranja y diga:

> *"He aquí la atracción de este deseo, podrá soñar los sueños que desea y verá y experimentará todo lo que quiera".*

– Encienda la vela blanca y diga:

> *"Enciendo esta llama para que la verdad esté en todo lo que vea".*

– Cierre un momento los ojos e imagínese al Consultante (o a usted mismo) completamente rodeado y envuelto por una luz blanca. Después de unos minutos, abra los ojos de nuevo y diga:

> *"¿De dónde viene el viento que sopla tan suavemente entre los árboles?*
> *¿Y hacia dónde va?*
> *¿Es que no sentimos cuando pasa, gentil,*

> *su caricia de terciopelo sobre nuestra mejilla?*
> *¿Y cómo el revoloteo de las alas de una mariposa?*
> *¡Lo sentimos, pero de repente se pierde!*
> *¿Por qué no podemos alcanzar y tocar*
> *y atrapar su realidad total?*
> *¡El viento está; y ya no está!*
> *Cuan real es, también,*
> *nuestro sentido de la vista*
> *cuando vemos, en sueños,*
> *a los que amamos.*
> *Los volvemos a ver y hablamos con ellos,*
> *y caminamos y amamos de nuevo.*
> *Pero ¿están ahí?*
> *¿Vendrán si les llamamos?*
> *¿Podremos ver y hacer lo que queramos?*
> *¡Si y otra vez si. Es cierto!*
> *Todo lo que deseamos ver, experimentar,*
> *en nuestros sueños es nuestro, si lo pedimos.*
> *¡Quiérelo y vendrá!*
> *¡Que sepa que el poder está dentro de nosotros,*
> *y todo lo que deseamos será nuestro!".*

Siéntese tranquilamente unos momentos antes de apagar las velas. Tendrá que realizar este ritual por la noche, antes de meterse en la cama, que es cuando se llama a los sueños.

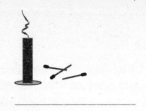

– Gráfica 26

Altar No.1	Figura	Altar No.2
	Incensario	
	Púrpura No.1	
Púrpura No.7		Púrpura No.2
	Consultante	
Púrpura No.6	Dorada	Púrpura No.3
	Púrpura No.5	Púrpura No.4
	Libro	Vela de día

Procedimiento:

– Encienda las velas del Altar 1 y 2.

– Encienda el incienso.

– Encienda la vela del Consultante pensando en él.

---

* Se recomienda también para poderes adivinatorios, poderes mágicos, curativos, poderes extra sensoriales (ESP), etc.

– Encienda la vela dorada pensando cómo el poder es atraído por el Consultante.

– Encienda la vela del día.

– **Nota:** Tendrá que empezar este ritual siete días antes de la luna llena. La vela del día será la del color adecuado al día del ritual (ver Tabla 3) y por tanto una vela distinta cada día que el ritual se realice.

– Encienda la vela púrpura 1 pensando en el poder: poder de invocar, de adivinar, de penetrar o el que desee.

– **Nota:** El segundo día del ritual encienda las velas púrpura 1 y 2; al tercer día, las velas púrpuras 1, 2, 3 ... y así sucesivamente. A continuación diga:

> *(Salmo 127)*
>
> *"Los constructores al edificar su casa*
> *pierden su penas, excepto el Señor.*
> *Los guardias vigilan en vano*
> *la ciudad que el Señor guarda.*
> *Y es en vano que te levantes temprano,*
> *y es demasiado tarde para descansar,*
> *para alimentarse del pan de las penas;*
> *entonces otórgale al sueño lo que se merece.*
>
> *Mira, los niños son la herencia de Dios,*
> *el fruto de su seno con el que premia.*
> *Los hijos de la juventud son como las flechas*
> *para las manos de los hombres fuertes.*
> *Qué alegre es el hombre que tiene el carcaj lleno;*
> *en el portal, sin remordimiento*
> *hablarán a sus enemigos".*

– Siéntese tranquilamente un momento mientras piensa cómo se eleva el poder dentro del Consultante. Luego, repita:

> *"Los constructores al edificar su casa*
> *pierden su penas, excepto el Señor.*
> *Los guardias vigilan en vano*
> *la ciudad que el Señor guarda.*

Y es en vano que te levantes temprano,
y es demasiado tarde para descansar,
para alimentarse del pan de las penas;
entonces otórgale al sueño lo que se merece.

Mira, los niños son la herencia de Dios,
el fruto de su seno con el que premia.
Los hijos de la juventud son como las flechas
para las manos de los hombres fuertes.
Qué alegre es el hombre que tiene el carcaj lleno;
en el portal, sin remordimiento
hablarán a sus enemigos".

Apague las velas en sentido inverso al que las encendió.

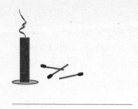

Para aumentar su poder * (2)

Procedimiento:

– Encienda las velas del Altar 1 y 2.

– Encienda el incienso.

– Encienda la vela del Consultante y piense intensamente en él. Diga a continuación:

> *"He aquí a ...(nombre) ..., un hombre de poder. Posee un enorme potencial de fuerza, que espera una señal para salir".*

– Encienda la vela dorada (o amarilla) y diga:

> *"Esta es la llama de la atención y la confianza. A través de ella demostrará su potencial".*

– Encienda la vela del día.

– **Nota:** Tendrá que empezar este ritual siete días antes de la luna llena. La vela del día será la vela del color adecuado al día del ritual (ver Tabla 3) y por tanto una vela distinta cada día que el ritual se realice.

– Encienda la vela púrpura 1.

– **Nota:** El segundo día del ritual encienda las velas púrpura 1 y 2; al tercer día, las velas púrpuras 1, 2 y 3 ... y así sucesivamente. Diga lo siguiente:

---

* Se recomienda también para poderes adivinatorios, poderes mágicos, curativos, poderes extra sensoriales (ESP), etc.

"El poder de ...(nombre) ... arde tan firmemente como esta llama, adquiriendo fuerza día tras día. Siempre está presente; debería utilizarse constantemente. Porque aunque salga hacia afuera, vuelve a llenarse del triple de contenido".

– Siéntese o arrodíllese confortablemente y medite en el Consultante, vea su poder —ya sea a través de la respiración, de la magia, etc.— y cómo va creciendo cada vez más. Imagínese mentalmente al Consultante rodeado de una luz o una niebla púrpura oscura. Vea como esta luz va tomando forma y densidad. Luego imagínese que esta luz queda absorbida dentro del Consultante. No ha sido absorbida del todo, ya que se despliega y vuelve a ser absorbida. Mantenga la concentración en esta meditación todo lo que sea posible. Luego, relájese y deje la mente completamente en blanco. Diga :

"Así crece el poder en ...(nombre)..., siempre se expande y siempre vuelve a llenarse. Día tras día, el poder va creciendo. Cuanto más lo utilice, más fuerza tomará. Que así sea para siempre".

Apague las velas en orden contrario al que las encendió.

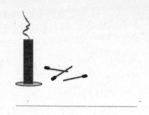

Consagración de un amuleto o talismán

– Gráfica 27

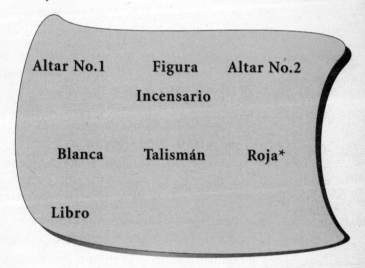

Altar No.1   Figura   Altar No.2

Incensario

Blanca   Talismán   Roja*

Libro

Procedimiento:

– **Nota:** Este ritual es para la consagración de un talismán, un amuleto o un "hechizo de buena suerte". El talismán puede ser uno que alguien haya hecho para usted o uno que usted mismo haya hecho. Es preferible lo último.

---

* El color y el objetivo de esta vela dependen del propósito del talismán (rojo para el amor, azul para la salud, verde para la fertilidad, etc.).

– Encienda las velas del Altar 1 y 2.

– Encienda el incienso.

– Encienda la vela blanca y diga :

> *"Aquí arde la sinceridad de ... (nombre del Consultante) ... su creencia en el poder de los talismanes arde tan intensamente como esta llama. Jamás morirá".*

– Encienda la vela roja* (ver pag. anterior) y diga a continuación lo siguiente:

> *"He aquí el amor que contiene el talismán. Porque el talismán es un almacén del poder del amor".*

– Tome el talismán y sosténgalo por una esquina, páselo tres veces por encima de la llama de la vela blanca, dándole la vuelta para que ambas caras toquen la llama. (¡No se queme los dedos !) Diga:

> *"Que por el fuego se limpien cada una de las impurezas que pueden habitar dentro de este talismán".*

– Ahora, páselo tres veces por el humo del incienso. Diga a continuación:

> *"Y por los dioses, lo incienso y lo limpio para que quede listo para el propósito que lo requiero".*

– Tome ahora el talismán y sosténgalo en su mano derecha (en la izquierda, si es zurdo) y diga:

> *"Empapo de amor este talismán. Quien se lo ponga sentirá este poder aterrador. El poder siempre estará con quien lo lleve, y todo el tiempo que lo quiera soportar".*

– Pase el talismán tres veces a través de la llama de la vela roja. Diga:

> *"He aquí el amor, completamente consagrado en su interior".*

Deposite el talismán entre las velas blanca y roja. Por último apague las llamas.

Deje ahí el talismán, sin moverlo, unas tres horas. Luego, podrá ser recogido por su propietario, y es preferible que lo lleve sobre la piel.

Apéndice

El aspecto oscuro

Cualquier proposición sobre el ritual con velas va invariablemente asociada, en la "mente popular", con lo que se ha dado en llamar la práctica del Vudú, consistente en pinchar alfileres en una figura de cera (aunque ésta tampoco sea una práctica específica del Vudú, sino un acto de magia negra). La cera puede utilizarse —y el ritual con velas— para propósitos malignos, pero es una manipulación muy peligrosa, pues quien la lleve a cabo puede perecer en medio de las llamas. Que sirva de aclaración la descripción de este ritual.

El ejecutante toma un trozo de cera o de barro y empieza a trabajarlo, dándole los contornos generales de un ser humano. Durante el tiempo que esté atareado, el ejecutante tendrá la mente concentrada en la víctima en cuestión. La figura ha de ser muy basta de silueta —sin ningún detalle facial o físico—, tan solo un cuerpo, una cabeza, dos brazos y dos piernas. Pero para el ejecutante la figura representa a la víctima. Ve en la figura la cara de la víctima. Ve los detalles de su cuerpo, sus posturas, sus gestos. Para él, es la víctima.

Si tiene en su poder algo que pertenezca a la víctima se puede mezclar con la cera, lo que le ayudará en su identificación. Por tradición se utilizan trozos de uña, mechones de pelo o algo similar. Esto crea un fuerte lazo entre la figura y la víctima.

Una vez terminada, hay que poner un nombre a la figura, similar a un bautizo. Rociarla con agua salada y luego mantenerla sobre el humo del incienso, mientras el ejecutante nombra a la víctima en cuestión. Una vez hecho esto, es necesario envolverla en un paño blanco limpio y dejarla de lado hasta que se desee utilizar.

Para realizar el trabajo de magia maléfica, el ejecutante se provee de nueve alfileres nuevos, sin usar. Coloca la efigie de cera delante de él y pincha los alfileres, uno a uno, en la figura con el deseo de que algo particular suceda. Puede, por ejemplo, pinchar los alfileres en la cabeza de la figura pronunciando las siguientes palabras: "Que ... (nombre) ... se ponga enfermo". O puede apuñalar el pecho de la figura al tiempo que pronuncia estas palabras: "Que ... (nombre) ... tenga un ataque al corazón". Para que esta magia simpatética actúe, el ejecutante debe estar realmente fuera de sus cabales. Tiene que encontrarse tan encolerizado con la víctima que si ésta estuviese de cuerpo presente, el ejecutante, con toda seguridad, la atacaría.

El ejecutante debe adoptar toda clase de precauciones a la hora de tocar los alfileres. Cuando esté clavando uno de ellos, tiene que andar con un cuidado tal que ni siquiera puede rozar ninguno de los otros alfileres que ya ha puesto. Si accidentalmente rosa tan sólo uno de ellos, entonces la maldición entera (que es lo que es) se volverá contra él.

Existe una costumbre muy interesante, que aún se practica en algunas partes de Gran Bretaña, consistente en clavar alfileres en una vela. Cuando el novio de una mujer joven la abandona, ella coge una vela —no tiene por qué ser negra— y la enciende. Se sienta delante y clava dos alfileres nuevos a ambos lados Tiene que clavarlos lo suficiente como que toquen la mecha. Luego recitará lo siguiente:

> *"No son estos alfileres lo que quiero quemar,*
> *sino el corazón de (nombre) lo que quiero cambiar.*
> *Que no duerma ni consiga descanso*
> *hasta que no haya satisfecho mi deseo".*

Luego se sienta para observar cómo se va quemando la vela hasta llegar a los alfileres y, durante todo este tiempo, permanece concentrada en su amante.

También es posible adquirir velas con forma de figura en algún proveedor —en general se utiliza la cera roja para la mujer y la cera negra para el hombre—. Estas velas tienen en su interior una mecha y forma humana burda. Se pueden utilizar de la misma manera que en el ritual de magia negra que acabo de describir. Como esta vela ya posee forma, tiene que colgar de ella algún objeto que pertenezca a la víctima, para que adquiera personalidad. Hay, por supuesto, que rociarla, incensarla y bautizarla.

Cuando haya clavado los alfileres en esa figura y concluido el maleficio, el ejecutante ha de encender la mecha y dejar que la vela se consuma del todo. De esta forma el maleficio es absolutamente irrevocable.

En algunas ocasiones se menciona la "Mano de la Gloria" en escritos de magia negra y brujería. Era, por ejemplo, una mano cortada a un muerto colgado de una horca. Se solía colocar este objeto horripilante en el borde de la chimenea y se disponían cinco velas en la punta de los dedos. Las velas eran siempre negras.

Según una obra del siglo XVIII* "se utilizaba la Mano de la Gloria para aterrar a las personas e inmovilizarlas, de tal manera que no se pudieran mover más hasta la muerte. Se prepara de la siguiente forma: Coja la mano derecha o izquierda de un criminal que haya sido colgado de una horca al borde de un camino; envuélvala en un pedazo de paño mortuorio, y una vez envuelto, apriételo bien. Luego, póngala dentro de un recipiente de barro con nitro, sal y pimienta en polvo. Déjela en ese recipiente más de dos semanas, luego sáquela y expóngala al pleno sol de los días de canícula (Agosto, Septiembre y Octubre) hasta que

---

* *Secrets merveilleux de la magie naturelle et cabalistique*, Petit Albert (1722).

quede completamente seca. Si el sol no calienta lo suficiente, póngala en un horno caliente con helecho y hierbaluisa. Después haga una especie de vela con la grasa de un criminal ahorcado, cera virgen, sésamo y utiliza la Mano de la Gloria como candelero... entonces, vaya por donde vaya con este instrumento nefasto, todas las personas con las que se encuentre quedarán inmóviles".

Henry Gamache afirma haber encontrado ejemplos de una versión más moderna de la Mano de la Gloria. En La Llave Maestra de los Secretos Ocultos, dice: "Conseguir más o menos dos libras de arcilla moldeable y darle la forma de una mano humana. Mezclar con la arcilla un mechón de pelo, un pedazo de tela de la ropa del enemigo o de la persona sobre la que se quiere influir. Moldear un candelero en la palma de la mano, lo suficientemente ancho como para que entre la vela.

Luego, hay que conseguir una vela negra y untarla con aceite, que puede ser del tipo que se llamó 'aceite de la confusión' o 'aceite de loco'. Se extiende el aceite por la vela mientras se dice: 'Con este aceite te controlo'. El ejecutante está concentrado en la persona a quien va destinada el ritual. Se inserta la vela en el candelero y se enciende uno minutos todas las noches durante siete noches".

No se recomienda ninguna de las formas de magia maléfica aquí citadas. No porque sean peligrosas en sí —el cuidado imprescindible que se requiere al clavar los alfileres— sino porque pueden serle devueltas al ejecutante de una forma mucho más intensa si la víctima en cuestión posee ese conocimiento (lo puede hacer, por ejemplo, a través de la bola de cristal). Absténgase entonces de "jugar" con la magia. Porque la magia es un gran poder real que hay que tratar con un enorme respeto.

– Tabla 1 –

Los colores astrales

Signo Zodiacal	*Fecha de nacimiento*	*Primario*	*Secundario*
Acuario	Enero 20 – Febrero 18	**Azul**	Verde
Piscis	Febrero 19 – Marzo 20	**Blanco**	Verde
Aries	Marzo 21 – Abril 19	**Blanco**	Rosa
Tauro	Abril 20 – Mayo 20	**Rojo**	Amarillo
Géminis	Mayo 21 – Junio 21	**Rojo**	Azul
Cáncer	Junio 22 – Julio 22	**Verde**	Marrón
Leo	Julio 23 – Agosto 22	**Rojo**	Verde
Virgo	Agosto 23 – Septiembre 22	**Oro**	Negro
Libra	Septiembre 23 – Octubre 22	**Negro**	Azul
Escorpio	Octubre 23 – Noviembre 21	**Marrón**	Negro
Sagitario	Noviembre 22 – Diciembre 21	**Oro**	Rojo
Capricornio	Diciembre 22 – Enero 19	**Rojo**	Marrón

– Tabla 2 –
El significado de los colores

Blanco ——————➤	Pureza, verdad, sinceridad
Rojo ——————➤	Fuerza, salud, vigor, amor sexual
Azul brillante ——➤	Tranquilidad, comprensión, paciencia, salud
Azul oscuro ———➤	Impetuosidad, depresión, mutabilidad
Verde ——————➤	Finanzas, fertilidad, suerte
Oro/amarillo ——➤	Atracción, persuasión, encanto, confianza
Marrón —————➤	Vacilación, incertidumbre
Rosa ——————➤	Honor, amor, moralidad
Negro —————➤	Maldad, pérdida, discordancia, confusión
Púrpura ————➤	Tensión, ambición, negocios, poder
Plata/gris ———➤	Cancelación, neutralidad, paralización
Naranja ————➤	Decisión, adaptabilidad, estímulo, atracción
Amarillo verdoso ➤	Enfermedad, cobardía, cólera, celos, discordia

– Tabla 3 –
Los días de
la semana

Domingo ------▶ **Amarillo**

Lunes ------▶ **Blanco**

Martes ------▶ **Rojo**

Miércoles ------▶ **Púrpura**

Jueves ------▶ **Azul**

Viernes ------▶ **Verde**

Sábado ------▶ **Negro**

¡Nuevo título!

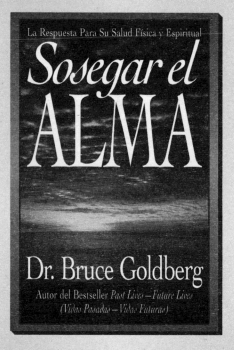

Dr. Bruce Goldberg
SOSEGAR EL ALMA
Explore prácticas naturales de curación, regresión hacia vidas pasadas, progresión futura, hipnoterapia, experiencias cercanas a la muerte, curación chamánica, acupuntura, meditación, yoga, y nuevas teorías físicas.

6" x 9"• 264 pág.
1-56718-486-3
$9.95 U.S. • $13.95 Canadá

LA MAGIA Y TU

Un claro raciocinio para explicar las fuerzas creativas de la magia en la mente humana y su práctica en la evolución espiritual.

5³/₁₆" x 8¹/₄" • 160 pág.
1-56718-332-8
$6.95 U.S. • $9.95 Canadá

Obras escogidas de
Migene González-Wippler

LA MAGIA DE LAS PIEDRAS Y LOS CRISTALES

Este libro trata sobre las diferencias entre piedras y cristales y como pueden usarse para transformar la vida humana.

5³/₁₆" x 8¹/₄" • 160 pág.
1-56718-331-X
$6.95 U.S. • $9.95 Canadá

¡Pronto a publicarse!

Ray L. Malbrough
HECHIZOS
Y
CONJUROS

Recetas para el amor, la
prosperidad y la protección

Aprenda a Utilizar
• Gris-gris
• Hierbas
• Velas
• Muñecos
• Aceites

Ray T. Malbrough
HECHIZOS Y CONJUROS
Por medio de velas, hierbas o cualquier
cosa que tenga a la mano, aprenderá la
práctica de la magia europea y africana.
5³/₁₆" x 8¹/₄"• 176 pág.
1-56718-455-3
$6.95 U.S. • $9.95 Canadá

¡Nuevo título!

Scott Cunningham
INCIENSOS, ACEITES e INFUSIONES
Descubra el poder en las hierbas.
Este libro tiene todas las fórmulas
para despertar el poder de la magia.

5³/₁₆" x 8¹/₄"• 304 pág.
1-56718-279-8
$9.95 U.S. • $13.95 Canadá

Creado por Zolrak
Illustrado por Durkon
EL TAROT DE LOS ORISHAS

Esta fascinante baraja emplea por primera vez las energías poderosas de la Santería y el Candomblé Brasileño.

La Baraja • 1-56718-843-5 • $19.95 U.S. • $26.50 Can.
El Libro • 1-56718-844-3 • $14.95 U.S. • $17.95 Can.
El Conjunto • 1-56718-842-7 • $32.95 U.S. • $45.50 Can.

ALMANAQUE ASTROLÓGICO
1998

ALMANAQUE / ASTROLOGIA
ISBN: 1-56718-939-3
13 x 10 • 36 pág.
$9.95 U.S., $13.95 Canadá
12 ilustraciones a color
Derechos mundiales disponibles

¡el horóscopo
para
todos
los signos!

Disponible
en Sep. /97

Stefan Paulas
NOSTRADAMUS 1999

Los siglos han sido testigos de las predicciones de Nostradamus. Si sus últimas profecías son correctas, un gran desatre ocurrirá en la Tierra en muy pocos años afectando la vida de todos sus habitantes.

6" x 9" • 264 pág.
1-56718-516-9
$9.95 U.S. • $13.95 Canadá

¡Próximas publicaciones!

Mark Smith
¡VEA EL AURA!

El aura es la manifestación física del alma. Al desarrollar su talento de visión aurística, podrá prevenir enfermedades, incrementar su nivel de energía a través de la meditación y respiración balanceada.

6" x 9" • 168 pág.
1-56718-642-4
$9.95 U.S. • $13.95 Canadá

MANTÉNGASE EN CONTACTO...
¡Llewellyn publica cientos de libros de sus temas favoritos!

En las páginas anteriores ha encontrado algunos de los libros disponibles en temas relacionados. En su librería local podrá encontrar todos estos títulos y muchos más. Lo invitamos a que nos visite.

Ordenes por Teléfono	✔ Llame gratis en los Estados Unidos y Canadá, al Tel. 1-800-THE-MOON. En Minnesota, al (612) 291-1970. ✔ Aceptamos tarjetas de crédito: VISA, MasterCard, y American Express.
Ordenes por Correo	✔ Envíe el valor total de su orden (residentes en MN agreguen 7% de impuesto) en $U.S. dólares más el costo de correo a: **Llewellyn Worldwide, P.O. Box 64383, Dept. (K-3301), St. Paul, MN 55164-0383, U.S.A.**
Correo & Transporte	✔ $4 por ordenes menores a $15.00 ✔ $5 por ordenes mayores a $15.00 ✔ No se cobra por ordenes mayores a $100.00

En U.S.A. los envíos se hacen a través de UPS. No se hacen envíos a Oficinas Postáles. Ordenes enviadas a Alaska, Hawai, Canadá, México y Puerto Rico se harán en correo de 1ª clase. **Ordenes Internacionales:** Aereo, agregue el precio igual de c/libro al total del valor ordenado, más $5.00 por cada artículo diferente a libros (audiotapes, etc.). Terrestre, Agregue $1.00 por artículo.

4-6 semanas para la entrega de cualquier artículo. Tarifas de correo pueden cambiar.

Rebajas	✔ 20% de descuento a grupos o distribuidores. Deberá ordenar por lo menos cinco copias del mismo libro para obtener el descuento.

Catálogo Gratis
Ordene una copia a todo color de *Llewellyn Español* con información detallada de todos los libros en español actualmente en circulación y por publicarse. Se la enviaremos a vuelta de correo.